Publikation
© 2017 by Leykam Buchverlagsgesellschaft m.b.H. Nfg. & Co.KG, Graz

Illustrationen
Marian Kamensky

Porträtfoto des Autors
Vanessa Fischer-Zaugg

Grafik
Leykam Buchverlag

Anregungen zum Cover- und Umschlagtext
Texter, Drüber-, Nach- und Umdenker Jens Hurtig

Satz
Gerhard Gauster

Druck
Steiermärkische Landesdruckerei GmbH, 8020 Graz

Gesamtherstellung
Leykam Buchverlag

ISBN 978-3-7011-8066-0

www.leykamverlag.at

DR. TASSILO WALLENTIN

OFFEN

BAND 4
DIE VERANTWORTUNG

GESAGT

LEYKAM

Schweiger 3 gewidmet

VORWORT

Europa erfährt derzeit eine der größten Umwälzungen seiner Geschichte. Die Völkerwanderung aus zerfallenden afrikanischen und arabischen Staaten und die damit einhergehende Islamisierung werden diesen Kontinent wohl für immer verändern. Nachfolgende Generationen werden uns dereinst vorhalten, dass wir naiv waren und den Ernst der Lage zu spät begriffen haben. Zwei Buchtitel der letzten Jahre stehen prophetisch für die Ereignisse: „Die Unterwerfung" von Michel Houellebecq und Samuel Huntingtons „Kampf der Kulturen".

Die Veränderungen sind bereits spürbar. Noch vor wenigen Jahren war es undenkbar, dass Wiens Polizeipräsident rät, „Frauen sollten nachts generell in Begleitung unterwegs sein". Es ist zur Normalität geworden, dass Schwimmbäder Sicherheitsdienste und Weihnachtsmärkte schwerbewaffnete Polizisten samt Betonsperren benötigen. Wir diskutieren über ein Verbot der Vollverschleierung. Vor ein paar Monaten wusste ein Großteil der Menschen nicht, was eine Burka überhaupt ist. Islamistischer Terror überzieht jetzt regelmäßig Europas Metropolen und Spitzenpolitiker erklären uns, dieser Horror gehöre ab nun zu unseren Lebensrisiken.

Das sind erst die Vorboten. Alles läuft auf das Ende jenes Europas hinaus, wie wir es kennen. Der Unwille westeuropäischer Regierungen, dagegen etwas zu tun, hat tiefe ideologische Gründe. Das Establishment mag dieses Europa nicht mehr. Es will ein anderes. Das zeigt sich am propagierten Geschichtsbild: Das Große und Reine der Vergangenheit wird nicht wahrgenommen, das Zerstörerische und Grausame hingegen stets in den Blickpunkt gestellt. Man will daher neue gesellschaftliche Verhältnisse schaffen. Die Idee ist, die einsetzende Völkerwanderung dazu zu nutzen, eine Gesellschaft ohne kulturelle Homogenität und Identität zu bauen. Ländernamen sollen künftig nur mehr Liegenschaftsbezeichnungen sein. Es ist die Rückkehr der alten – brandgefährlichen – Utopie: einer neuen Gesellschaft eine neue Ordnung geben zu können. Es ist der Mythos von der Schaffung des „neuen Menschen," der stets im Straflager und Totalitarismus geendet hat. Zudem ist es eine gewaltige Unterschätzung des Missionscharakters des Islam.

Die Wende ist noch möglich. Das sind keine Naturkatastrophen, die über uns hereinbrechen. Diese Entwicklungen müssen wir weder hinnehmen noch sind sie „alternativlos", wie die deutsche Kanzlerin behauptet. Das zu erkennen, ist der wichtigste Schritt. Wie sagte Franklin D. Roosevelt: „In der Politik geschieht nichts zufällig. Wenn etwas geschieht, kann man sicher sein, dass es auch auf diese Weise geplant war."

Wien, im Juli 2017   Tassilo Wallentin

INHALT

FREIHEIT – SELBSTBESTIMMUNG – WAHRHEIT
DER AUTOR IM INTERVIEW

Viele Menschen lesen Ihre Bücher und Kolumnen. Fast alles, was Sie vorausgesagt haben, ist eingetreten. Und da stellt sich die Frage: Woher wissen Sie das?

Tassilo Wallentin: Da antworte ich mit Goethe: „Das Beste nur muss ich zuletzt verschweigen". Ich habe ausgezeichnete Quellen und Informanten, die ich nicht preisgeben kann, die mir aber einen Einblick eröffnen, den viele Menschen so nicht haben.

Das ist aber nicht der Grund, warum Mainstream-Medien in ihrer Beurteilung und Prognose so oft falsch liegen. Es herrscht eine aufgesetzte politische Korrektheit. Anstatt unbequemen Wahrheiten ins Auge zu blicken, betreiben viele Redakteure Selbst-Zensur und Erziehungsjournalismus – also die sträfliche Vermischung von Fakten, Wunschdenken bzw. eigener, ideologisch gefärbter Meinung und Überheblichkeit gegenüber den Menschen, die mit den Problemen tatsächlich leben müssen. Viele Akteure in der Journalisten-Blase wurden in ihrer Ausbildung von Alt-68ern geprägt. Aber die Zeiten haben sich fundamental geändert. Das Rechts-Links-Schema existiert nicht mehr. Ihre Erklärungsmuster versagen. Eine bekannte Politikerin, die es mit der politischen Korrektheit sehr genau nimmt, hat im Zuge der Flüchtlingskrise auf Facebook gepostet: „Für Menschen – gegen Zäune." Was soll man damit anfangen? Diese Sprüche sind symptomatisch für die Ohnmacht und Konzeptlosigkeit veralteter Ideologien.

Daneben gibt es natürlich auch wirtschaftliche und politische Abhängigkeiten, die es Redakteuren verunmöglichen, die Wahrheit zu schreiben.

Und dann ist da auch schlichte Dummheit, die ich an einem sehr aktuellen Beispiel festmachen kann: Vor ein paar Wochen titelte der ORF: „Schwerer Schlag für EU-Kommission – EU-Länder bekommen mehr Macht!" Fast alle österreichischen Medien verwendeten ähnliche Aufmacher – vermutlich weil sie alle voneinander abschreiben oder dieselbe APA-Meldung verwenden. Was war geschehen?

Kommissionspräsident Juncker hatte beim Europäischen Gerichtshof (EuGH) ein Gutachten zum EU-Singapur-Freihandelsabkommen in Auftrag gegeben. Offiziell wollte Juncker von den EuGH-Richtern wissen, welche Punkte des Abkommens die EU alleine und welche Punkte die EU nur mit ausdrücklicher Zustimmung der 28 nationalen Parlamente vereinbaren darf. Das EU-Singapur-Abkommen diente nur als Aufhänger. Es war das trojanische Pferd. Juncker ging es um viel Größeres als Singapur. Er wollte sich vom EuGH einen „Freibrief" ausstellen lassen, um das hochumstrittene Freihandelsabkommen TTIP ohne Parlamente unterschreiben zu können. Kein Politiker gibt ein Gutachten in Auftrag, ohne vorher zu wissen, was in dem Gutachten stehen wird. Und Juncker erhielt seinen Freibrief. Und zwar auf sehr geschickte Weise: Der EuGH erklärte medienwirksam, dass die nationalen Parlamente ein Veto-Recht hätten, wenn Konzernen die Möglichkeit eingeräumt wird, Mitgliedsstaaten vor Schiedsgerichten zu klagen. Das feierten fast alle Medien und Journalisten als großen Sieg und gewaltige Niederlage der EU-Kommission.

Auch ich wollte darüber schreiben und besorgte mir das Gutachten. Ich musste es zweimal lesen, da ich es nicht glauben konnte. Von einem Sieg kann keine Rede sein. Im Gegenteil: Es war eine der größten Niederlagen für den Parlamentarismus überhaupt. Die EU kann Großkonzernen den ungehinderten Zugriff auf unsere Wasser- und Energieversorgung, Rohstoffe, Landwirtschaft, unser Finanz-, Sozial-, Gesundheits- und Bildungswesen verschaffen – und Österreich hat keine Mitsprache. Die EU kann Investoren das Recht einräumen, Österreich in Milliardenhöhe zu verklagen, weil bei uns weder Chlorhuhn noch Hormonfleisch verkauft oder zu Billigstlöhnen produzieren werden darf – und Österreich hat keine Mitsprache! Wir haben lediglich ein Mitspracherecht in der Frage, ob ein Schiedsgericht oder staatliches Gericht über Streitigkeiten aus dem Freihandelsabkommen entscheiden soll. Dabei ist es letztlich völlig egal, ob ein ausländischer Investor Österreich vor einem Schiedsgericht oder einem staatlichen Gericht klagt: jedes Gericht muss geltendes Recht anwenden. Und das geltende Recht wäre in diesem Fall ein weitreichendes Freihandelsabkommen, auf dessen Inhalt unser Parlament überhaupt keinen Einfluss hat. Wenn also laut Freihandelsabkommen einem Tabakkonzern Schadenersatz zusteht, weil Österreich das Rauchen in öffentlichen Gebäuden verbietet, dann erhält der Tabakkonzern Schadenersatz – und zwar vor einem staatlichen Gericht wie vor einem

Schiedsgericht. Darüber sollte man sich nicht täuschen. Die EU braucht nur das Thema „Schiedsgericht" bei den Verhandlungen auszuklammern und kann TTIP im Alleingang abschließen.

Kaum ein Journalist hat dies durchschaut. Fast alle sind in die Falle getappt. Ich halte das für mehr als bestürzend, dass Journalisten nicht mehr sinnerfassend lesen können. Juncker muss sich totgelacht haben.

Beginnen wir mit Österreich. Man hat das Gefühl, wir leben in einer Umbruchzeit. Bundeskanzler Kern spricht vom New Deal und davon, dass das Regieren ein Marathon und kein Sprint ist. Nichtsdestoweniger muss man, egal ob Sprint oder Marathon, immer ein Ziel vor Augen haben. Die Frage an Sie, wie sehen Sie im Moment die politische Situation in Österreich. Das Vertrauen der Bevölkerung ist im Moment nicht das allergrößte.

Wallentin: Es gibt faktisch kein Vertrauen in die Politik, und das zu Recht. Wir haben keine Staatsmänner mehr, sondern nur noch Funktionäre oder bestenfalls Verwalter der herrschenden Zustände. Unsere Regierungsverantwortlichen verstehen die Zeichen der Zeit nicht, weil sie kein historisches Gefühl besitzen. Wir leben in einer Zeitenwende. Die Nachkriegsordnung ist vorbei. Die Welt richtet sich auf das nun kommende Zeitalter aus. Sie erlegt sich eine Neuordnung für die nächsten 100–150 Jahre auf. Der globale Verteilungskampf hat längst mit voller Härte eingesetzt. Wer seinen Platz jetzt nicht findet, hat auf Generationen verloren.

Nehmen Sie China: 400 Millionen Chinesen leben bereits in moderatem Wohlstand. Die Chinesen haben den Sprung in die digitale Wirtschaft schneller vollzogen als viele westliche Länder. Sie haben ganze Forschungs- und Entwicklungsphasen übersprungen. In Asien kommt Europa kaum noch vor. Unsere Schulen werden immer schlechter.

Wie sehr sich das Umfeld geändert hat, sieht man auch am Beispiel des Freihandelsabkommens TTIP. Hätte Österreich den freien Handel in den fünfziger Jahren abgelehnt, dann wäre das glatter Selbstmord gewesen. Aber der Freihandel im Jahre 2017 ist mit dem Freihandel der 50er-Jahre nicht zu vergleichen. TTIP ist nur zu einem sehr geringen Teil ein klassisches Handelsabkommen. Es ist ein geostrategisches Instrument, um den 500-Millionen-Verbrauchermarkt EU zu besetzen, bevor die Chinesen, Inder oder Russen kommen. Es ist ein modernes Kampfmittel im Ringen um die Neuordnung der Welt. Um den freien Handel geht es nur am Rande. Das Abkommen bietet ja kaum neue Anreize für Investoren. Denken Sie nur an das TTIP-Gutachten der weltberühmten London School of Economics, das die britische Regierung in einer Schublade verschwinden lassen wollte. Der Befund lautete: „Kaum wirtschaftlicher und politischer Nutzen, viele Risiken und erhebliche Kosten für den britischen Steuerzahler." Wie gesagt, es geht weniger um Wirtschaftsfragen, sondern um Geostrategie nach dem Motto: „Wer zuerst kommt, kriegt die Braut".

Ein anderes Beispiel ist das Asylchaos. Wir haben es mit einer Völkerwanderung zu tun. Das politische und journalistische Establishment tut aber so, als handelte es sich um die Gastarbeiterdiskussion der siebziger Jahre. Unsere Gesetze sind schon längst nicht mehr auf der Höhe der Zeit. Menschenrechtskonvention, EU-Grundrechtecharta, Asylrecht und Sozialrecht. Diese Gesetze wurden einst zum Schutz einzelner, konkret verfolgter Nachbarn gebaut. Zur Abwehr einer Völkerwanderung sind sie nicht geeignet. Am allerwenigsten wurden sie für die Situation geschaffen, dass etwa 400 Millionen Afrikaner und Araber aus zerfallenden Staaten in den Norden Europas einwandern wollen. Und für mich lautet die große Zukunftsfrage: Kann man schnell genug umschalten, anpassen und dagegenhalten? Das ist nichts weniger als die Zukunftsfrage Europas.

Bleiben wir bei der Flüchtlingskrise. Wer vor zwei Jahren am Bahnhof nicht „Welcome" geschrien hat, war automatisch einer auf der rechten Seite. Inzwischen, kommt mir vor, ist hier ein Wandel passiert. Wo hört die Menschlichkeit auf und wo fängt das Ausnützen an?

Wallentin: Wie gesagt: Das „Links-Rechts-Schema" ist überholt. Wer in der früheren Sowjetunion für die Privatisierung des Gurkenhandels eintrat, war ein Faschist. Wer in Texas gegen die Todesstrafe demonstriert, ist ein Linker. Wer zu Beginn der Flüchtlingskrise nicht am Bahnhof „Willkommen" schrie und Beifall klatschte, war ein rechter Hetzer. Und wer es heute noch tut, handelt gegen die Regierungslinie der Sozialdemokraten, die eine Asyl-Obergrenze beschlossen haben.

Aber um die Frage nach dem Ausnützen in Zahlen zu beantworten: Von 230 Millionen Flüchtlingen weltweit sind nur 10 % Asylberechtigte nach der Genfer Konvention. Mehrere hundert Millionen Menschen sitzen auf gepackten Koffern. Wir können nicht jedem, der auf der Suche ist nach einem neuen Leben, die Tore öffnen. Der US-amerikanische Wirtschafts-Nobelpreisträger Milton Friedman sagte einmal: „Man kann einen Sozialstaat haben und man kann offene Grenzen haben; aber man kann nicht beides gemeinsam haben". Wenn jemand dafür plädiert, dass die Grenzen offen sind, dann muss er auch den Sozialstaat abschaffen. Das ist in den USA nicht anders. Wer in die Vereinigten Staaten auswandert, erhält sieben Jahre lang keinen Cent vom Staat. Hingegen erhält jeder, der in Österreich auch einen Asylantrag stellt, von Tag eins an volle Grundversorgung samt Zuschüssen sowie Krankenversicherung ohne Selbstbehalte. Auch dann, wenn der Asylantrag offensichtlich unberechtigt ist. Hinzu tritt, dass man mit ein paar einfachen Tricks nicht mehr aus Österreich abgeschoben werden kann. Solche Nachrichten verbreiten sich in den zerfallenden arabischen und afrikanischen Staaten wie ein Lauffeuer. Laut einer UN-Studie verdienen 3,5 Milliarden Menschen weniger als zwei Dollar pro Tag. Frau Merkel sagt dann auch noch: „Wir schaffen das" und weigert sich bis heute, diesen Satz zurückzunehmen. Glaubt irgendjemand, dass man den daraufhin einsetzenden Sturm aufhalten kann?

Böse Zungen behaupten, dass diese Flüchtlingsthematik auch Wirtschaftszweige sind?

Wallentin: Das ist mit Sicherheit der Fall. Nehmen Sie nur die Krise im Mittelmeer. Den Bürgern verkauft man die Völkerwanderung als „Seenotrettung". Dabei läuft das Ganze nach einem perfekt eingespielten System ab: Hunderttausende Armutsflüchtlinge reisen nach Libyen. Dort setzen Schlepper jeweils 100–150 Personen in ein Schlauchboot. Jeder Insasse bezahlt vorab 1500 Dollar. Einer bekommt ein Satellitentelefon, in dem die Nummer der EU-Küstenwache Frontex eingespeichert ist. Kaum auf See, ruft er bei Frontex an und sagt: „SOS". Die EU-Schiffe eilen herbei, nehmen die Bootsflüchtlinge auf und befördern sie in das 480 Kilometer entfernte Italien. Wie Taxiunternehmen. Wie gesagt: Die Küste Libyens ist etwa 480 Kilometer von Italien entfernt. Das libysche Festland hingegen liegt in nur etwa 20 Kilometern Entfernung. Warum wird man zur Rettung aus Seenot auf die andere Seite des Meeres, nach Italien, befördert? Was hat die italienische Küstenwache vor der libyschen Küste zu suchen? Ist sie nun weltweit zuständig? Fährt sie demnächst auch in den Hafen von New York oder Tianjin, um Flüchtlinge nach Italien zu transportieren? Die Schlepper verdienen jedenfalls – und woher das Geld mancher NGOs kommt, bleibt oft im Dunkeln. Die italienische Staatsanwaltschaft wirft einigen Hilfsorganisationen die direkte Zusammenarbeit mit Schleppern vor. Es gibt genügend Personen, die an der Destabilisierung Europas geschäftliches Interesse haben. Wie sagte Franklin D. Roosevelt: „In der Politik geschieht nichts zufällig. Wenn etwas geschieht, kann man sicher sein, dass es auch auf diese Weise geplant war."

Alles in allem, das Boot ist voll, natürlich soll man helfen, wenn jemand wirklich Hilfe benötigt, aber Wirtschaftsflüchtlinge?

Wallentin: Das Problem ist, dass die großflächige illegale Massenzuwanderung von Wirtschaftsflüchtlingen unter Missbrauch unseres Asylrechtes stattfindet: Wer seinen Reisepass wegwirft und den österreichischen Behörden eine falsche Identität angibt, kann nie mehr abgeschoben werden. Selbst Mörder, Kinderschänder, Vergewaltiger und Drogenhändler können nicht abgeschoben werden, wenn ihnen im Heimatland „erniedrigende Behandlung droht" – was in nahezu jedem afrikanischen oder arabischen Land der Fall ist. Extrembeispiele sind die Berichte über die Massenvergewaltigung einer 29-Jährigen durch acht Iraker, 22 Tschetschenen mit Maschinenpistole auf dem Weg zum Bandenkrieg oder den 14-jährigen Afghanen, der 140 Straftaten verübte, darunter 22 Raubüberfälle. Sie alle können im Fall strafgerichtlicher Verurteilung nicht oder kaum abgeschoben werden. Selbst wenn man ihnen den Flüchtlingsstatus aberkennt, dürfen sie in Österreich bleiben und erhalten etwa in Wien weiter volle Sozialleistung. Dazu kommen Länder wie Marokko und Algerien, die ihre illegal in die EU eingereisten Staatsangehörigen einfach nicht zurücknehmen. Wenn Sie heute einen türkischen Pass haben und einen Asylantrag erfolgreich beantragen wollen, dann machen sie einfach folgendes: Sie stellen sich vor eine PKK-Fahne, lassen sich fotografieren und stellen das für 5 Minuten ins Internet. Dann schicken sie den Link der Polizei und sagen, sie werden jetzt aus politischen Gründen in der Türkei verfolgt werden und schon haben Sie ihren Asylstatus.

Was sind die Lösungen?

Wallentin: Auffanglager außerhalb der EU, Grenzsicherung, kein Geld – nur Sachleistungen für Asylwerber: also Essen, Bett, Versorgung im Notfall, Abschiebung aller Nicht-Asylberechtigten und kriminellen Asylanten nötigenfalls auf von der UNO geschützte Inseln. Und vor allem: Es muss eine Änderung in der Rechtsprechung des Verfassungsgerichtshofes erfolgen. Zahlreiche EU-Gesetze wie das Schengen-Abkommen können wir innerstaatlich nicht abändern. Aber wir können unser Verhältnis zur EU neu definieren. Nach dem Motto: Wenn ein Staat wie Österreich die massenhafte illegale Einreise in sein Territorium nicht mehr kontrollieren kann, dann sind Demokratie, Sicherheit und sozialer Rechtsstaat in höchster Gefahr. Dann besitzen EU-Gesetze nur noch eingeschränkte Geltung – dann hat die Souveränität des Landes Vorrang. Ich habe das einmal in einem Beitrag so zusammengefasst: „Zur Selbstzerstörung sind wir nicht verpflichtet." In Deutschland existiert übrigens eine derartige Rechtsprechung.

Bleiben wir noch in Österreich. Sicherheitspolitik und Kriminalitätsentwicklung sind für die Bevölkerung sehr wichtig. Statistiken werden oft bis zur Aussagelosigkeit verändert. Wie sehen Sie das?

Wallentin:
„Ich glaube nur der Statistik, die ich selbst gefälscht habe", meinte Winston Churchill. Ich halte von Statistiken sehr wenig. Statistisch gesehen ist der sicherste Platz während

eines Gewitters die Kirchturmspitze – denn dort hat es seit Menschengedenken die wenigsten Blitzschlagopfer gegeben. Oder: Bill Gates ist 80 Milliarden Dollar schwer. Säße er mit mir alleine in einem Raum, dann hätten wir beide ein statistisches Durchschnittsvermögen von 40 Milliarden Dollar. Damit ist zu Statistiken bereits sehr viel gesagt. Das wahre Ausmaß der Kriminalitätsentwicklung wird oft gezielt verheimlicht. Was die Regierung den Bürgern nicht offenbaren will, wird nicht mitgezählt. Jeder Minister kann das Ergebnis drehen und lenken wie er will. Zum Beispiel wurde der Angriff des afghanischen Sex-Mobs auf Frauen in Innsbruck zu Neujahr nicht der Asylwerber-Kriminalität zugerechnet, da „offiziell gegen unbekannt" ermittelt wird. Das, obwohl die Polizei den Täterkreis ganz genau kennt! Es kam immer wieder vor, dass ein Täter etwa 20 Einbrüche verübte und das in der Kriminalstatistik als nur ein Delikt dargestellt wird. Als die Anzeigen gegen die Drogenmafia in Wien massiv anstiegen, kam „die Anweisung von ganz oben", in der nächsten Zeit an den Brennpunkten weniger zu kontrollieren, damit die Zahl der Aufgriffe nicht mehr so hoch ist.

Sie haben den Bürgermeister von New York sehr gelobt mit seinen Aktionen – Rudi Giuliani hat ja in New York schnell die Kehrtwende bei der Kriminalität geschafft.

Wallentin: Ja, New York war damals ein Verbrechenssumpf. Giuliani schaltete auf „Law-and-Order"-Politik um. Ein wenig wie Eliot Ness im Chicago der 1930er-Jahre.

Danach war New York eine der sichersten Städte der Welt. Das sagt alles.

Was war die beste seiner Aktivitäten?

Wallentin: Er hat mit voller Härte durchgegriffen. Selbst bei kleinen Delikten. Die Polizei hat Präsenz gezeigt.

Zur Euro-Politik: Griechenland kostet uns viel Geld. Ich weiß, dass Sie ein großer Gegner sind, dass wir da weiter Geld zahlen.

Wallentin: Das Griechenland-Thema ist nur ein Mosaik-stein einer weit größeren Frage, nämlich der nach der Währungsunion und dem Euro. Man hatte den Menschen damals versprochen, dass der Euro so hart sein würde wie der Schilling oder die D-Mark. Doch stattdessen entwickelt er sich zum Nachfolger der italienischen Lira. Das war auch für jeden, der Hausverstand besaß, vorhersehbar. Man kann nicht zahlreiche schwache Währungen mit einigen wenigen starken mixen und glauben, dass daraus eine starke Währung entsteht. Es war ein historischer Fehler, dass man Griechenland erlaubt hatte, sich in die Währungsunion hinein zu mogeln. Frankreichs ehemaliger Präsident Giscard d'Estaing hatte noch Altgriechisch in der Schule. Er vertrat die – reichlich naive – Auffassung, dass es kein vereintes Europa ohne Griechenland geben kann. Er hatte dabei aber vergessen, dass zwischen dem damaligen Griechenland und dem von heute ein paar tausend Jahre liegen und die innere Verwandtschaft des heutigen Griechen mit

Sokrates ungefähr so eng ist, wie meine Verwandtschaft zu Heidi Klum.

Die Folge von all dem ist, dass die gesamte Eurozone nunmehr einem gigantischen Italien gleicht: schwache Währung, kein Wachstum, steigende Preise, sinkende Wettbewerbsfähigkeit und politische Instabilität. „Scheitert der Euro, dann scheitert Europa", lautete die destruktive Politik von Frau Merkel, für die sie auch noch monatelang als Retterin gefeiert wurde. In Wahrheit verwandelte man die Eurozone in eine monströse Schuldenunion, in der faktisch jeder Staat für die Schulden des anderen haftet. Die europäische Zentralbank kauft zur Eurorettung seit März 2015 zeitlich unbegrenzt um 80 Milliarden Euro pro Monat faule Kredite und Schrottpapiere von Krisenländern. Das bedeutet Umverteilung und Inflation. Griechenland, Spanien, Portugal und Italien haben die schlechtesten volkswirtschaftlichen Daten, seit es Aufzeichnungen gibt. Dennoch schaffen sie es weiterhin, sich mit immer neuen Schulden auf den Kapitalmärkten zu finanzieren. Das ist auch kein Wunder, weil wir für sie haften. Wir müssen den Krisenländern mittlerweile dankbar sein, wenn sie in der Eurozone bleiben, denn aufgrund dieser gigantischen Haftungen, die wir eingegangen sind, würde das Ausscheiden eines Pleitestaates aus dem Euro für uns ungeheure finanzielle Opfer bedeuten. Es hätte schon längst zur Abhaltung einer Schuldenkonferenz wie nach dem Zweiten Weltkrieg, Aus- und Wiedereintrittsoptionen für Krisenländer und Entmachtung der europäischen Zentralbank kommen müssen. Die London School of Economics hat schon vor Jahren in einem Gutachten nachgewiesen, dass sich die griechische Wirtschaft im Falle des Euroaustrittes binnen zwei Jahren vollständig erholen würde.

Ein Frage, die angesichts der fast gescheiterten Währung naheliegend ist: Ist die heutige EU, also so, wie sie sich jetzt darstellt, überlebensfähig?

Wallentin: Als zentralistischer Einheitsstaat ist sie sicher nicht überlebensfähig. Es müsste auch schon längst Konsequenzen für die politisch Verantwortlichen geben. Nach dem Austritt der Briten hätten Junker und Merkel ihren Hut nehmen müssen. Diese Personen haben das europäische Desaster samt Austritt der Briten maßgeblich zu verantworten. Ich selbst hegte immer gesunde Skepsis gegenüber Großbritanniens Rolle in der EU. Ich unterstellte ihnen in vielen Fragen „Inseldenken" und die Tendenz, sich Rosinen aus dem Kuchen zu picken. Aber in der Zwischenzeit musste ich erkennen, dass die Briten „Erzliberale" sind und sich schon von Natur aus gegen alles stemmen, was nach europäischem Einheitsstaat riecht. Frankreich wird zentral regiert und Frau Merkel stammt aus der DDR. Die Briten hingegen haben eine lange Geschichte als Handels- und Seefahrernation hinter sich. Sie sehen die EU als das, was sie eigentlich sein sollte: eine Wirtschaftsunion. Und genau dort müssen wir auch wieder hinkommen.

Islamismus – katholische Kirche: Was ehrlich gesagt ein bisschen überrascht, ist, dass von der katholischen Kirche sehr wenig Gegenwehr kommt. Es geht um die Diskussion,

dass das Kreuz jetzt in vielen Schulen verschwinden soll, dass da das Christkind nicht mehr vorkommen darf. Das verwundert.

Wallentin: Unsere westlichen Demokratien sind ohne Christentum und darauffolgende Aufklärung im 18. Jahrhundert gar nicht denkbar. Das kann man an einem sehr einfachen Beispiel festmachen. Unser ehemaliger Bundespräsident Heinz Fischer hielt eine Ansprache zum Nationalfeiertag und behauptete: „Demokratien sind immer stärker als Terrorismus". Ich stellte dann in meiner Kolumne die Frage: „Was ist eigentlich Demokratie"? Meine Antwort lautete: Demokratie ist die Entscheidung der Mehrheit, und sonst gar nichts. Wenn 80 % für die Einführung der Sklaverei stimmen, dann wird die Sklaverei eingeführt. Das Gesetzbuch schützt uns vor gar nichts. Schon die alten Griechen sagten: „Der Mann steht für den Eid, aber nicht der Eid für den Mann." Dass wir heute nicht über die Sklaverei abstimmen, ist kein Verdienst der Demokratie oder ihrer jederzeit änderbaren Gesetze. Der Grund, weshalb wir über die Einführung des Sklavenhandels nicht abstimmen, ist, dass wir in einer Gesellschaft leben, die von einer 2000-jährigen christlich-abendländischen Kultur geprägt ist. Wir haben die Überzeugung, dass jeder Mensch angeborene Rechte hat, frei ist und Menschenwürde besitzt. Diese Grundwerte sind nicht dem Spiel von Mehrheit oder Minderheit unterworfen. Man kann nicht darüber demokratisch abstimmen, ob ein Mensch Würde hat oder nicht. Er hat sie. Genau genommen endet die Demokratie hier. Viele Kulturen sehen das mit der Menschenwürde aber ganz anders. Man denke nur an Indien und sein Kastenwesen. Lassen Sie einmal ein paar Generationen ohne christlich-abendländische Kultur aufwachsen. Da bin ich mir dann nicht mehr so sicher, ob wir nicht doch einmal über den Sklavenhandel abstimmen werden – der übrigens lange Zeit historische Normalität war. Mit einem Wort: Unsere Idee von Gut und Böse, Recht und Unrecht entstammt der christlich-abendländischen Kultur. Dieser Prägung kann man sich nicht entziehen, selbst wenn man sonntags nicht in die Kirche geht oder Atheist ist.

All das ist übrigens auch der springende Punkt in der Islamdebatte. Wenn eines Tages die Mehrheit für Einführung des Kopftuches und Scharia stimmt, dann werden Kopftuch und Scharia eingeführt. Daran sollte besser niemand zweifeln. Die Demokratie ist das Glas, aber die Werte der Menschen sind der Inhalt. Und nur weil unsere Wertewelt auf dem Wege der Verabschiedung begriffen ist, bedeutet das noch lange nicht, dass das für andere Länder ebenso gilt, nur weil zahlreiche Armutsmigranten von dort kommen. Das sieht man ja an der hohen Zustimmung der „Austro-Türken" für Präsident Erdogan.

Was wäre Ihr Ansatz, ihre Politik? Das Fazit für Österreich aus all dem?

Wallentin: Ich bin für die Einführung der direkten Demokratie. Ich habe es mehr als einmal in meiner Kolumne geschrieben: „Wie schafft man es, dass es 500 Jahre keinen Krieg gibt, vier Religionen und vier Volksgruppen mit vier Sprachen und 26 Kleinstaaten zu Wohle aller existieren, die

Löhne die höchsten Europas sind, die Infrastruktur perfekt ist, die Währung zu den stärksten der Welt zählt, die Grenzen geschützt sind und kriminelle Asylanten ausgewiesen werden?" Mit direkter Demokratie nach Schweizer Vorbild. Die Schweiz mit ihren acht Millionen Einwohnern ist das demokratischste Land der Welt. Dort herrscht direkte Demokratie. Nicht Politiker, Parteien und Günstlinge haben das Sagen, sondern die Bürger. Österreich stünde heute anders da, wenn die Bürger über Asyl-Politik, Finanzierung von Krisenländern und Pleite-Banken, TTIP, ESM-Rettungsschirm, Steuerlast, Verwaltungsreform und Registrierkassen abstimmen könnten. Der berühmte Schweizer Journalist Kurt Felix brachte den Unterschied humorvoll auf den Punkt: „Deutschland hat glückliche Politiker und ein unglückliches Volk. Die Schweiz hat ein glückliches Volk und unglückliche Politiker."

ERSCHIENEN AM 28. 8. 2016

„TRIO INFERNAL"

Angela Merkel (Deutschland), François Hollande (Frankreich) und Matteo Renzi (Italien) treffen einender regelmäßig, um ihre Politik abzusprechen. Die negativen Folgen ihrer Absprachen sollen dann EU-Länder wie Österreich ungefragt hinnehmen und ausbaden. Unterstützt wird das Trio von Kommissionspräsident Jean Claude Juncker.

Die EU hat vier Sorgenkinder: Sie heißen Merkel, Hollande, Renzi und Juncker. Sie alle haben bei den Bürgern kaum noch Rückhalt – sie alle sind auf ihre Art Fehlbesetzungen. Die eine hat mit ihrer verantwortungslosen Einladungspolitik ein Flüchtlings-Chaos mitverursacht, für das noch Generationen teuer bezahlen werden; zwei andere haben die Länder Frankreich und Italien rettungslos herabgewirtschaftet. Und Kommissionspräsident Juncker ist mittlerweile schon so weit, dass er im Juli öffentlich erklärte: „Ich bin kein Alkoholiker" und „Ich werde nicht zurücktreten". Eigentlich wollte er vor der Abstimmung über den Brexit in London auftreten, aber es wurde ihm sehr deutlich signalisiert, sich beim Wahlkampf in Großbritannien besser nicht blicken zu lassen.

Seit neuestem treffen einander Merkel, Hollande und Renzi regelmäßig, um ihre Politik abzusprechen. Die schädlichen Folgen bekommen dann kleinere Länder wie Österreich ungefragt ab. Unterstützt wird das Trio in seiner dreisten „Family-and-friends-Politik" von Kommissionschef Juncker. Lebhafte Beispiele sind der Streit um die Schließung des Brenner-Passes und die italienische Banken-Krise:

Italien – das monatelang täglich tausende Asylwerber unkontrolliert zu uns durchgewinkt hat – versinkt derzeit selbst im Flüchtlingschaos. Kein Wunder, denn seit der Schließung der Balkan-Route verbleibt als letztes offenes Ventil für den arabisch-nordafrikanischen Massenansturm der Brennerpass in Richtung Österreich. Frankreich hat seine Grenze zu Italien längst geschlossen; ebenso die Schweiz. Österreich hatte daher völlig zu Recht auch die Abschottung des Brennerpasses ins Auge gefasst.

Doch das passt dem deutsch-italienisch-französischen Trio nicht. Sie haben einen anderen Plan mit uns: Österreich soll den Brennerpass offenlassen, damit die Flüchtlinge nicht in Italien bleiben, sondern zu uns kommen. Deutschland macht seine Staatsgrenze zu Österreich langsam dicht und schickt alle Wirtschafts-Flüchtlinge zu uns zurück. Frankreich hält seine Grenze zu Italien weiter geschlossen. Die Folge: Österreich wird zur Sackgasse und bleibt auf den Wirtschafts-Flüchtlingen sitzen. Unterstützt wird der Plan von Kommissionschef Juncker. Er warnte – nur – Österreich davor, Flüchtlinge abzuhalten. Seine EU-Kommission genehmigte im Schengen-Raum Grenzkontrollen für weitere Monate – nur am Brenner nicht. Ausgerechnet am Brenner – dem Einfallstor für Zigtausende – darf laut Brüssel nicht kontrolliert werden.

Dreist ist auch die geplant Bankenrettung in Italien: Dort stehen marode Geldhäuser vor dem Kollaps. Aber deutsche und französische Banken haben italienischen 340 Milliarden Euro geliehen. Das Trio Merkel, Hollande und Renzi will verhindern, dass ihre Länder und Aktionäre den Schaden aus der Pleite tragen. Der EU-Steuerzahler soll Italiens Banken und die deutsch-französischen Geldgeber retten.

Am Ende wird all das zu einem Streit zwischen den kleinen und den drei großen EU-Staaten führen. Das ist wie David gegen Goliath – und David hat gewonnen.

ERSCHIENEN AM 4. 9. 2016

HEUCHELEI

Die Doppelmoral ist unerträglich: Die Attentäter vom 11. September 2001 sollen von Saudi-Arabien systematisch unterstützt worden sein. Das Land gilt auch als geistige Wiege des IS-Terrors, der ganz Europa mit Anschlägen überzieht. Saudi-Arabien ist weiterhin der engste Verbündete des Westens. Es ist an der Zeit, im Kampf gegen den Terror mit dem Heucheln aufzuhören.

US-Präsident Obama hält den Abschlussbericht über die Anschläge vom 11. September bis heute aus „Gründen der nationalen Sicherheit" unter Verschluss. Denn er enthält schwerste Vorwürfe gegen den wichtigsten Verbündeten der USA und des Westens im Nahen Osten: Saudi-Arabien. Die saudische Regierung, das saudische Ministerium für Islamfragen und saudische Wohltätigkeitsorganisationen sollen den islamistischen Terror auf amerikanischem Boden finanziert und auch über Botschafter systematisch unterstützt haben. Um die Rolle der USA im Nahen Osten nicht zu gefährden, hatte bereits die Bush-Administration hierüber Stillschweigen angeordnet. Doch Saudi-Arabien „hat das Stillhalten Amerikas als Signal für Straffreiheit verstanden, um weiterhin Terrororganisationen zu unterstützen". Das gestand – 15 Jahre nach den Anschlägen – der frühere US-Senator und Leiter des Geheimdienstausschusses Bob Graham öffentlich im TV.

Und tatsächlich: Die geistige Wiege des IS-Terrors – der
ganz Europa mit Anschlägen überzieht – liegt in Saudi-
Arabien. Von dort aus wird die radikal-islamistische Ideo-
logie mit enormen finanziellen Mitteln weltweit verbreitet.
Moscheen, Zeitungen, Fernsehstationen und Vereine, die
die intoleranteste Form des Islam propagieren, werden von
Saudi-Arabien finanziert; dem Land, wo öffentliche Scharia-Strafen wie Enthauptungen, Steinigungen, Auspeit-
schungen, Kreuzigungen, Abhacken der Hände und Reli-
gionspolizei an der Tagesordnung sind. Weder Kreuz noch
Bibel noch die Einreise von Juden sind gestattet. Ein
17-Jähriger etwa wurde zu Enthauptung und Kreuzigung
verurteilt, weil er es gewagt hatte, gegen das Königshaus zu
demonstrieren. Die Antwort des Westens? Der saudische
Botschafter Faisal Bin Hassan Trad wurde unter Applaus
in den UNO-Menschenrechtsrat gewählt.

Es hätte längst Sanktionen gegen den Golfstaat geben
müssen, dann hätte sich die Welt einiges an Terror erspart.
Doch statt aus dem Fehler der US-Politik zu lernen, begeht
die EU denselben Fehler: Vor kurzem war ein interner
Bericht des deutschen Geheimdienstes an die Öffentlichkeit
gelangt, wonach „die Türkei unter Erdogan die zentrale
Aktionsplattform für islamistische und terroristische Organisationen" ist. Ankara schäumte. Um nur ja den unsau-
beren EU-Türkei-Flüchtlingsdeal nicht zu gefährden, behauptete die „Merkel-Regierung" eilig, dass es sich bei der
Einschätzung im Geheimbericht um ein „Büroversehen ge-
handelt habe".

Das renommierte „Handelsblatt" kommentierte dies so:
„Würde es sich nicht um Erdogan, sondern um Putin

handeln, hätte der Westen längst harte Wirtschaftssanktionen verhängt. Erdogan dagegen bekommt für seine Flüchtlingsbremse einen Drei-Milliarden-Scheck der EU. Vielleicht sollte man das Geld aus Brüssel künftig direkt an die Terrorgruppen weiterleiten. Das spart wenigstens die Überweisungsgebühr".

John F. Kennedy wurde einst noch deutlicher. Über einen von den USA gestützten südamerikanischen Despoten sagte er: „Er ist ein Arschloch. Aber er ist unser Arschloch."

ERSCHIENEN AM 11. 9. 2016

GUTMENSCHEN AUSSER RAND UND BAND

Die politische Korrektheit wird immer schriller. Kleine Glöckchen an Handys und Taschen sollen Taschendiebe sanft vertreiben, der Burkini wird als Rettung vor Hautkrebs gefeiert und das Haut-Klebe-Tattoo „NO!" soll vor Grapschern im Schwimmbad schützen. Sind die Gutmenschen jetzt außer Rand und Band?

In letzter Zeit häufen sich immer schrägere Fälle politischer Korrektheit. Hier das Beste (mit meinem Kommentar):

In Dortmund ließ der Innenminister die Polizei kleine Glöckchen auf den Straßen verteilen. Die sollen alle Bürger an ihren Handys und Handtaschen anbringen, damit sie gegen Taschendiebe geschützt sind. Der ständige Glöckchenklang soll die Menschen auch daran erinnern, nur die Dinge einzupacken, die sie wirklich brauchen. (Das war nur die zweitbeste Lösung gegen die ausufernde Kriminalität: Am sichersten wäre eine generelle Ausgangssperre für alle Bürger, die nicht bestohlen werden wollen. Das würde auch die Polizei entlasten).

„Der Burkini ist die Rettung vor Hautkrebs". Experten sind sich da ganz sicher. Das war allen Ernstes das Ergebnis des Wiener Welt-Kongresses zum Thema Hautkrebs. (Die Männer hatte man dabei ganz vergessen. Aber bei denen können ja Scharia-Strafen wie Steinigungen oder Enthauptungen verhindern, dass sie an Hautkrebs sterben).

34

Legendär ist die Empfehlung der Bürgermeisterin von Köln, Henriette Reker in Folge der Kölner Skandalnacht an Silvester, in der ein enthemmter Mob aus nordafrikanisch-arabischem Kulturkreis Frauen vergewaltigte, sexuell nötigte und beraubte: Sie riet allen Frauen, in Zukunft einfach eine Armlänge Abstand zu Fremden zu halten. In eine ähnliche Kerbe schlägt nun die Verteilung des Klebe-Tattoos mit dem Schriftzug „NO!" an Badegäste. Das sollen sich alle auf die Haut kleben, die im Schwimmbad nicht begrapscht werden möchten. (Am besten gut sichtbar auf Po und/oder Busen).

Das ist die wunderbar verkehrte Welt der Gutmenschen: Anstatt gegen kriminelle Täter mit der vollen Härte des Gesetzes vorzugehen und Feinden unserer Freiheit die Tür zu weisen, stellt man idiotische Verhaltensregeln für die Bürger auf, die einer Verhöhnung oder Unterwerfung gleichkommen.

Die Idiotie erinnert an die Schildbürger, als sie eine schwarze Katze aus ihrer Stadt vertreiben wollten: die Schildbürger legten Feuer an jedes Haus, auf dessen Dach sich die Katze flüchtete – bis die ganze Stadt in Schutt und Asche lag.

ERSCHIENEN AM 18. 9. 2016

„BURKO STATT BURKA"

Das Burkaverbot ist ein längst fälliger Schritt. Unsere Regierung muss ihn jetzt setzen. Und für diejenigen, die den Anblick unverhüllter Frauen in der Öffentlichkeit nicht ertragen, gäbe es auch eine Lösung: den „Burko" – die Augenbinde für den Mann.

In unserer Kultur zeigt man sein Gesicht. Das ist ein unverzichtbares Element für offene soziale Kontakte und das Leben in unserer Gesellschaft. Wir sprechen nicht rein zufällig vom „wahren Gesicht" eines Menschen, vom „offenem Visier" oder fühlen Unbehagen bei völlig Vermummten.
Bereits 2014 billigte der Europäische Gerichtshof das Burkaverbot in Frankreich und stellte klar, dass das Verbot der Vollverschleierung rechtens ist und keine Verletzung der Menschenrechte darstellt. „Die Burka errichtet eine Barriere zwischen ihrer Trägerin und der Umwelt und untergräbt das Gefühl des Zusammenlebens in einer Gesellschaft. Es ist ein legitimes Interesse jedes Staates, wenn er durch die Untersagung der Gesichtsverschleierung das gesellschaftliche Zusammenleben wahren will". So das Urteil der Höchstrichter am Europäischen Gerichtshof für Menschenrechte.
Damit ist der Weg zum Burkaverbot auch in Österreich seit zwei Jahren frei. Es wäre gerade jetzt ein überaus wichtiges Zeichen nach außen, dass wir unsere Lebensweise und namentlich Frauenrechte aktiv verteidigen. Doch statt dies zu tun, sind wir gerade dabei, „die Freiheit im Namen der

Freiheit abzuschaffen", indem wir aus falscher Toleranz die Vollverschleierung im öffentlichen Raum widerspruchslos hinnehmen.

Mit anderen Worten: Die Burka ist kein Toleranzsymbol. Sie ist das Zeichen für die Unterdrückung der Frau. Daran ändert die Tatsache nichts, dass sich manche Burka-Trägerinnen in ihrer Vollverschleierung auch noch wohl fühlen, nur weil man es ihnen von klein auf eingeredet hat. Sonst müsste – überspitzt gesagt – der Staat in Zukunft auch die private Sklavenhaltung tolerieren, solange die Sklaven einigermaßen glücklich sind, oder ihr Los akzeptieren.

Toleranz kann nie so weit gehen, dass die Intoleranten ihre Vorteile daraus ziehen. „Es darf keine Freiheit zur Zerstörung der Freiheit geben", wie es der Philosoph und Psychiater Karl Jaspers ausdrückte.

Die Burka steht für eine völlig verkehrte Weltordnung, die das eigentliche Opfer – die Frau – zum Täter macht: Nur weil gewisse Männer den Anblick von Frauen in der Öffentlichkeit nicht ertragen, sollen sich die Frauen lebenslang völlig verschleiern? Die richtige Lösung wäre doch viel eher ein „Burko": die Augenbinde für Männer, die mit unverhüllten Frauen Probleme haben.

Golda Meir, die legendäre Ministerpräsidentin und Mitbegründerin des modernen Staates Israel, brachte das auf den Punkt. Sie wurde aufgefordert, über Frauen eine Ausgangssperre zu verhängen, um eine Serie von Vergewaltigungen zu beenden. Meirs Antwort lautete bekanntlich: „Aber es sind doch Männer, die die Frauen attackieren. Wenn es schon eine Ausgangssperre geben soll, dann wohl für diese Männer."

ERSCHIENEN AM 25. 9. 2016

„DER KLEBER IST SCHULD"

„Im Endeffekt ist es keine Behördenfrage, sondern eine Schuld des Klebers." Vizekanzler Reinhold Mitterlehner fand den wahren Schuldigen am Wahlkarten-Desaster: Es war der Klebstoff. Die Äußerung steht für ein neues politisches Phänomen.

Dass es zur Verschiebung der Bundespräsidenten-Stichwahl wegen defekter Wahlkuverts kam, „ist im Endeffekt die Schuld des Klebers". So der Vizekanzler. (Und wer ist im Endeffekt an einer Geschwindigkeitsüberschreitung mit dem Auto schuld? Richtig – das Verkehrsschild). Aber auch Innenminister Sobotka ließ im Rahmen einer Pressekonferenz zur Wahlkarten-Posse aufhorchen: er rechtfertigte das Fiasko vor aller Welt damit, dass es sich beim Wahlkuvert um ein „technisch äußerst komplexes" Objekt handle. (Ja, Sie haben richtig gelesen. Der Innenminister sprach vom Briefumschlag. Den präsentierte er dann auch noch stolz vor den spottenden Journalisten – so wie einst Apple-Gründer Steve Jobs das neue iPhone).
Man fühlt sich bei diesen Äußerungen irgendwie an jenen Oppositionspolitiker zurückerinnert, der Bundespräsident Thomas Klestil nicht „Lump", sondern „so etwas wie Hump oder Dump" genannt haben wollte.
Oder an die Entdeckung des „Budgetlochs" nach der Nationalratswahl 2013: Nach einem „Kassasturz" fehlten für die kommende Legislaturperiode etwa 30–40 Milliarden

Euro. An Sparen, Verwaltungsreform oder Beendigung der jahrzehntelangen Partei- und Klientelpolitik war man nicht wirklich interessiert. Die Lösung? Nach zähen Verhandlungen „einigten" sich die Koalitionspartner wie bei den Schildbürgern darauf, dass ab sofort nicht mehr 30–40, sondern nur 18 Milliarden Euro fehlen. (Man kennt diese Form der Realitätsverweigerung von Kleinkindern: „Augen zu – und schon bin ich unsichtbar").

Wir haben es mit einem neuen Phänomen in der Politik zu tun: Keine Ausrede ist mehr lächerlich genug, um weiter „am Sessel zu kleben". Konsequenzen für Politiker gibt es keine, den Schaden zahlt der Steuerzahler. Das ist übrigens auch die einzige Lehre, die man aus den Untersuchungsausschüssen ziehen kann.

Die Schweizer Satire-Zeitung „Kult" schrieb zur Posse um die Bundespräsidenten-Stichwahl: „Wenn in Österreich die Wahlkuverts doch nur so klebrig wären wie die Politiker."

ERSCHIENEN AM 2. 10. 2016

AUF DEM SINKENDEN SCHIFF

Vor wenigen Tagen erschien – von unseren Politikern völlig unkommentiert – das „Times-Uni-Ranking". Es ist die wichtigste Rangliste für Hochschulen weltweit. Österreichs Universitäten sind weit abgeschlagen und belegen miserable Plätze. Das ist nur die Spitze des Eisbergs: Wir sind drauf und dran, den Kampf um die Zukunft zu verlieren.

30 % der Schüler können nach 9 Jahren Unterricht nicht lesen, schreiben oder rechnen. Ganze Schulklassen, ja ganze Schulen sind bei der Zentralmatura in Mathematik durchgefallen. Unsere Universitäten belegen international miserable Platzierungen: die Uni Wien liegt weltweit nur auf Rang 161; alle anderen heimischen Hochschulen belegen Plätze irgendwo zwischen 250–500, oder scheiden überhaupt aus. Das Ergebnis ist verheerend und die Größe unseres Landes keine Ausrede: Die Technische Hochschule Zürich belegt im „Times-Uni-Ranking" Platz 9, Schweden ist gleich mehrfach, etwa auf Platz 28, vertreten und die Niederlande schaffen es 13-mal unter die besten 200.

Unsere Zukunft ist weit mehr gefährdet, als den Politikern überhaupt bewusst ist. Österreichs Reichtum besteht nur zu 1 % aus Rohstoffen. Unser Land ist ganz auf den Erfindergeist, die Tüchtigkeit und das Können seiner Bürger angewiesen. Noch vor ein paar Jahrzehnten erschien die

Hälfte aller wissenschaftlichen Schriften auf Deutsch. Es gab eine unübersehbare Anzahl von Nobelpreisträgern, die das österreichische Bildungswesen durchlaufen hatten. Diese „technische Revolution" führte zu beispiellos hohen Löhnen. Mit denen konnten wir den Sozialstaat errichten und finanzieren. Aber wo kein Fortschritt, kein Wissen und kein technischer Vorsprung mehr ist, geraten die Löhne unter Druck. Wir schaffen längst nicht mehr den wissenschaftlich-technischen Fortschritt und die hohe Produktivität, um die sozialen Standards und den Wohlstand zu sichern. Immer mehr Menschen arbeiten für immer weniger Lohn.

Die Asiaten hingegen wissen, dass die Technisierung und Qualität ihrer Arbeitskräfte den Kampf um die Zukunft entscheiden: China bildet jedes Jahr eine Million Ingenieure aus. Indiens Schulen formen die Weltelite der Computerprogrammierer. Die USA mit Technologiegiganten wie Google, Facebook und Skype haben uns völlig abgehängt.

Das Desaster verdanken wir ignoranten Politikern und der bunten Gemeinde der „Kuschel-, Erlebnis- und Wohlfühl-Pädagogen". Sie haben eines der besten Bildungssysteme – das österreichische – ruiniert, weil sie lieber „alle Menschen gleich schlecht statt unterschiedlich gut" machen wollen.

Hinzu kommt, dass Österreich trotz einer Steuer- und Abgabenquote von 42 % total verschuldet ist, unser Land jährlich Zigtausende Flüchtlinge aus dem arabischen Raum aufnimmt, von denen 80 % dauerhaft zu vollversicherten Mindestsicherungs-Beziehern werden (so Finanzminister Schelling) und bald nur noch zwei Erwerbstätige

einen Pensionsberechtigten durchschnittlich 25 Jahre finanzieren werden.

Wenn es nun auch zu einer „Maschinensteuer" kommt,
dann erinnert das Ganze fatal an die Bordkapelle beim
Untergang der Titanic: Die spielte unbeirrt weiter, als das
Schiff mit den Passagieren bereits am Sinken war.

ERSCHIENEN AM 9. 10. 2016

DER KAMPF UM DIE ZUKUNFT

Die Welt formiert sich neu. Sie richtet sich bereits auf das nun kommende Zeitalter aus. Es ist kein Zufall, dass wir gerade jetzt über CETA und TTIP verhandeln. Denn das sind keine „bloßen Handelsverträge" – das sind moderne Kampfmittel und geostrategische Instrumente im globalen Ringen um die Neuordnung der Welt.

Die Nachkriegsära ist endgültig vorbei und sie kehrt nie mehr wieder, auch wenn die Russland-Sanktionen wie ein neuer kalter Krieg aussehen. Da trügt der äußere Schein gewaltig. Die Einteilung in Ost und West gehört der Vergangenheit an – ebenso der naive Glaube nach dem Fall des Eisernen Vorhangs, dass eine Weltmacht die andere dominieren kann.

In Zukunft wird es in den Weltregionen mehrere große Kraftzentren geben. Und der globale Verteilungskampf zwischen den USA, China, Russland, der „Denkfabrik" Indien sowie den Rohstofflieferanten Brasilien und Südafrika hat längst mit voller Härte eingesetzt.

Es ist kein Zufall, dass Kanada und die USA gerade jetzt mit uns über CETA und TTIP verhandeln: Auf den ersten Blick geht es um die Stärkung des Freihandels mit Europa. Doch das geben die Abkommen gar nicht her! Sie bieten kaum neue Anreize für Investoren. Sie haben nur geringe Vorteile für EU-Staaten. Rechtssicherheit und solide Gerichtsbarkeit für Investoren gab es in Europa ja schon bisher; auch die

Zölle waren faktisch abgeschafft. Die „London School of Economics" – eine der weltbesten Wirtschaftsuniversitäten – urteilt in ihrem Gutachten über die Auswirkungen von TTIP auf Großbritannien: „Kaum wirtschaftlicher und politischer Nutzen, viele Risiken und erhebliche Kosten für den britischen Steuerzahler".

Was völlig bizarr klingt, verwundert bei näherer Kenntnis nicht. Bei CETA und TTIP geht es weniger um Freihandel mit Europa, als vielmehr darum, dass sich Kanada und die USA den exklusiven Zugang zum 500-Millionen-Verbraucher-Markt namens „EU" sichern wollen. Die Abkommen sind geostrategische Instrumente, um nach dem Motto: „Wer zuerst kommt, kriegt die Braut" den europäischen Markt zu besetzen und Konkurrenten wie China, Russland oder Indien abzuwehren. Die neu geschaffene Freihandelszone ließe sich bei Bedarf „wie ein 51. US-Bundessaat" gegen dritte Akteure wirtschaftlich abschotten.

Die Angst vor Chinas neuer Stärke ist nicht unberechtigt. Das Land hat in den letzten Jahren eine atemberaubende Entwicklung genommen. Die Chinesen haben den Sprung in die digitale Wirtschaft schneller vollzogen als viele westliche Länder. Sie haben ganze Forschungs- und Entwicklungsphasen übersprungen. 400 Millionen Menschen in China leben bereits in moderatem Wohlstand. In 2 bis 3 Generationen werden sie ein Wohlstandsniveau wie im Westen erreicht haben. Zudem kündigte China 2013 die Wiederbelebung der „Seidenstraße" an. Das ist der alte Handelsweg nach Europa und Asien, zugleich aber auch die wirtschaftliche Eroberung des pazifischen sowie indischen Ozeans unter Einbindung Ostafrikas.

Die Gretchenfrage an unsere Politiker lautet: „Und Europa?" Ja, wo bleibt eigentlich Europa bei dieser Neuordnung für die nächsten 80 bis 100 Jahre? Schon Michail Gorbatschow warnte die Betonschädel vom DDR-Politbüro im Zuge des Mauerfalls mit den Worten: „Wer zu spät kommt, den bestraft das Leben."

ERSCHIENEN AM 16. 10. 2016

BANKEN-CRASH 2.0

Die EU steht am Vorabend einer gewaltigen Bankenkrise. Der Absturz der „Deutschen Bank" droht zu Europas „Lehmann-Pleite" zu werden. Brüssel hat aus der Finanzkrise 2008 nichts gelernt und marschiert geradewegs in den Crash. Dafür bezahlen werden einmal mehr die Steuerzahler.

Die „Deutsche Bank" steht vor dem Abgrund und droht Europa in eine neue gewaltige Finanzkrise hineinzuziehen. Die Märkte sind seit Wochen in Alarmstimmung. Und tatsächlich droht im Falle der Pleite der „Deutschen Bank" ein brandgefährlicher Dominoeffekt. Am Ende des Tages werden wir Steuerzahler die Rechnung dafür bezahlen dürfen.

Die Hauptschuld an der Crash-Gefahr trägt das politische Establishment in Brüssel. Dort hat man aus der Finanzkrise 2008 nichts gelernt. Während die USA im Zuge der „Lehman-Pleite" über 100 marode Banken in Konkurs gehen ließen, rettete Brüssel jedes überschuldete Geldhaus in Südeuropa. Während die USA über alle Banken per Gesetz Spekulationsverbote verhängten, weigerte sich Brüssel den Banken das Weiterspekulieren zu verbieten. Dabei führen ja nicht die biederen Bankgeschäfte, sondern die riskanten Spekulationsgeschäfte zu den gigantischen Verlusten der Geldhäuser. Die Milliardenpleite einer Bank löst dann immer eine Kettenreaktion aus, weil sie wie ein

Tsunami Privathaushalte und Unternehmen mitreißt. Der Staat kann dann nicht mehr anders und „muss" einspringen. Dabei würde ein Spekulationsverbot für Banken solche Milliardenverluste erst gar nicht entstehen lassen. Aber darüber wollten die EU-Kommission, Frau Merkel, der damalige Chef der Deutschen Bank, Josef Ackermann, und die Banker-Lobby in Brüssel nicht einmal diskutieren.

Hinzu kommt, dass die Europäische Zentralbank seit März 2015 zeitlich unbegrenzt um 80 Milliarden Euro monatlich auch faule Kredite von Banken kauft. Das ist nicht nur ein Fass ohne Boden für den Steuerzahler: das ist vor allem eine „Vollkaskoversicherung für Banken und Spekulanten".

In Brüssel hofft man, dass die Bürger die Sache mit der EU-Bankenkrise nicht so recht durchschauen. Warum? Eine mögliche Erklärung gab Henry Ford: „Würden die Menschen das Banken- und Geldsystem verstehen, dann hätten wir eine Revolution noch vor morgen früh."

ERSCHIENEN AM 23. 10. 2016

HILFLOSE VERSUCHE

Am 1. November tritt das UN-Klimaschutz-Abkommen von Paris in Kraft. Was toll klingt, ist ein tragisch-komischer Witz. Einmal mehr zeigt die UNO, dass sie mittlerweile wohl zu den nutzlosesten Organisationen der Welt gehört.

Die Bilder der 21. UN-Klimakonferenz in Paris sind unvergesslich und gingen um die Welt: Berufspolitiker aus 200 Ländern einigten sich nach tagelangen Verhandlungen darauf, dass „die Erderwärmung nicht mehr als 1,5 Grad betragen soll". Verbindliche Regeln, Vorgaben oder Maßnahmen, was jetzt konkret getan werden muss, damit die Erde sich nicht um mehr als 1,5 Grad erwärmt, beschlossen sie nicht. Sie einigten sich nur auf Plattheiten wie „der Wald spielt eine wichtige Rolle" oder man bedaure, „dass in vielen Ländern Wälder vernichtet wurden und werden". Das war alles. Danach fielen die Konferenzteilnehmer einander um den Hals, weinten, schrien (!), machten hysterisch Selfies oder beglückwünschten sich vor laufenden Kameras. Länder wie China, Indien oder Polen – die gerade Hunderte neue Kohlekraftwerke bauen – präsentierten sich als Klimaretter und US-Präsident Obama twitterte: „Das ist riesig". Vor dem Abschlussphoto der 130 Staats- und Regierungschefs kam es zur feierlichen Unterfertigung des UN-Klimaschutz-Abkommens, das da lautet:

1. Jeder Staat kann jederzeit aus dem Abkommen wieder aussteigen.
2. Bei Verletzung des Abkommens gibt es keine Strafe. Es gibt nicht einmal einen zuständigen Gerichtshof.
3. Niemand ist zu etwas verpflichtet. Es liegen nur freiwillige „geschönte" Klimaschutz-Pläne der Staaten vor. Und selbst bei Umsetzung der „geschönten" Klimaschutz-Pläne kommt es immer noch zum Anstieg des Weltklimas um 3 Grad!

Und dieses UN-Klimaschutz-Abkommen tritt nun am 1. November in Kraft. Es steht stellvertretend für eine der mittlerweile wohl nutzlosesten Organisationen der Welt: die UNO. Mehr als 70 Jahre nach ihrer Gründung ist sie pleite und handlungsunfähig. Sie konnte nicht einen einzigen Völkermord verhindern. Sie ist im Kampf gegen Armut, Hunger und Umweltzerstörung gescheitert. Nur 3 % ihres Budgets werden für Menschenrechte aufgewendet. Und bei 60 Millionen Menschen auf der Flucht steht der Weltfriede weiterhin aus. Die UNO selbst spricht hilflos von „Welt im Krieg". Genau genommen besteht die UNO nur noch aus einem unüberschaubaren Netz von Hilfsprogrammen, Hochkommissaren, Sondergesandten, Kommissionen, Ämtern und Konferenzen. Im UN-Sicherheitsrat sitzen die fünf ständigen Mitgliedsstaaten USA, Großbritannien, Frankreich, Russland und China. Jeder von ihnen kann jede Entscheidung blockieren – und tut es auch. Das führt dann zu UN-Missionen wie in Ruanda, als die Blauhelme einem Völkermord tatenlos zusahen, oder in Bosnien, als sie sich widerstandslos an Straßenlaternen anbinden ließen. Auch in Syrien, wo derzeit mehrere europäische Großmächte und die USA kämpfen, kräht nach der UNO kein Hahn.

Das UN-Klimaschutz-Abkommen und das Warten auf die wundersame freiwillige Selbstbeschränkung von 200 Staaten wird die Erderwärmung nicht stoppen! Es muss für Investoren ein Vorteil sein, in klimaschonende Projekte und Technologien zu investieren. Nur wenn die Wirtschaft im Klimaschutz das große Geschäft sieht, wird sich etwas ändern.

WELTSPARTAG 2016

Es gibt sehr viele Wege, arm zu werden – Sparen ist neuerdings einer davon.

Vor acht Monaten haben ein paar demokratisch nicht gewählte Banker der Europäischen Zentralbank (EZB) – in einer geheimen Sitzung ohne parlamentarische Kontrolle – die Zinsen abgeschafft. So etwas hatte man bis dahin eigentlich für undenkbar gehalten. Diese „Null-Zins-Politik" der EZB hat allein Deutschlands Wohlstand um 327 Milliarden Euro dezimiert. In wenigen Monaten sind dort 39 Milliarden Euro an Sparvermögen vernichtet worden. Für Österreich fehlen vergleichbare Studien – aber bei uns sieht es im Verhältnis nicht anders aus.

Hinter dieser eiskalten Enteignung der Sparer steckt der Plan, die hoch verschuldeten Euro-Krisenländer auf unsere Kosten zu entlasten. Italien, Griechenland, Zypern, Portugal, Spanien und Irland haben Auslandsschulden von netto 2,06 Billionen Euro. Jeder Prozentsatz weniger Zinsen führt in diesen Ländern zu einem Wohlstandsgewinn von Zigmilliarden Euro. Bei uns hingegen führt das zu einem Wohlstandsverlust – zur Vernichtung unserer Sparvermögen und Altersvorsorgen. Getreu dem Motto: „Unser Geld ist nicht weg, es haben jetzt nur andere."

Die „Null-Zins-Politik" ist die gigantische Umverteilung unseres Volksvermögens hin zu den Pleitestaaten. Sie ist die vertragswidrige Errichtung der Schuldenunion. „Jeder

soll für jeden haften" – das ist ja ein alter Wunsch des Herrn EU-Kommissionspräsidenten Juncker. Und – wie es der Zufall so will – haben die Euro-Krisenländer in der EZB eine satte Mehrheit und mit Mario Draghi praktischerweise einen EZB-Chef, der „als ehemaliger Generaldirektor des italienischen Finanzministeriums für die hohen Schulden Italiens und die Finanzmanipulationen zumindest mitverantwortlich war, mithilfe derer Italien in die Eurozone gelangte". Später war er Vizepräsident von Goldman Sachs. Jener Bank, „die Griechenland bei der Verschleierung seines Haushaltsdefizits und betrügerischen Aufnahme in die Eurozone geholfen hat", so Bayerns ehemaliger Staatsminister Peter Gauweiler in seiner Klage gegen die EZB-Politik vor dem Bundesverfassungsgericht. Der nächste Schritt ist die Einhebung von Strafzinsen auf private Ersparnisse.

Am 31.10 findet die alljährliche Verhöhnung der Sparer statt: der „Weltspartag", den man auch gleich in „Schuldenunionstag" umbenennen sollte.

ERSCHIENEN AM 6. 11. 2016

EIN ABGESANG

Deutschlands Kanzlerin Angela Merkel ließ aufhorchen: Auf einem Parteitag empfahl sie allen Bürgern, die „Sorge vor dem Islam" haben, Weihnachtslieder zu singen und dazu Blockflöte zu spielen.

Auf dem Sonderparteitag der CDU Mecklenburg-Vorpommern trat Parteichefin und Kanzlerin Angela Merkel auf. „Ich weiß, dass es Sorgen vor dem Islam gibt", sagte sie. Es liege aber an den Bürgern, diesen Sorgen auch durch die Pflege christlicher Traditionen zu begegnen. „Wieviel christliche Weihnachtslieder kennen wir denn noch und wieviel bringen wir denn unseren Kindern und Enkeln noch bei?", fragte Merkel die erstaunten Delegierten. „Dann muss man eben mal ein paar Liederzettel kopieren und einen, der noch Blockflöte spielen kann (…) mal bitten", empfahl die Kanzlerin. Als Gelächter ausbrach, bekräftigte Merkel: „Ich meine das ganz ehrlich."

Wie bitte? Europa erlebt einen ungeahnten Massenansturm von Flüchtlingen aus dem islamischen Kulturkreis sowie massive Radikalisierungstendenzen im Internet oder in manchen Moscheen und Frau Merkel rät besorgten Bürgern, zur Beruhigung Weihnachtslieder zu singen und dazu Blockflöte zu spielen?

Oder anders gefragt: Sie sind etwa in Sorge, weil laut den erschreckenden Ergebnissen der neuesten Jugendstudie der

Stadt Wien jeder dritte Muslim die Religion über das Gesetz stellt, bei 47 % der Jung-Muslime Homophobie und Judenhass eine sehr große Rolle spielen und 25 % der jugendlichen Befragten Sympathien für den heiligen Krieg gegen Ungläubige haben? Sie sorgen sich, weil bis zu 90 % aller abgelehnten, meist völlig unkontrolliert eingereisten Asylwerber aus Österreich nicht abgeschoben werden können – wie SPÖ-Minister Hans Peter Doskozil erklärte? Und die politische Antwort hierauf lautet: „Ach, singen Sie doch ein paar Weihnachtslieder oder spielen Sie Blockflöte!"

Nun könnte man der Ansicht sein, Frau Merkel ist deutsche Kanzlerin und ihre politischen Ideen gingen uns nichts an. Doch so einfach ist das nicht: Frau Merkel ist nicht irgendwer in der EU. Sie wurde vom „Forbes-Magazin" auch 2016 zur mächtigsten Frau der Welt gewählt. Dies, weil sie das „Rückgrat der 28 EU-Länder" sei und wegen „ihrer Haltung in der aktuellen Flüchtlingskrise". Die Kanzlerin bezeichnete Länder wie Österreich als „nicht ihr Europa", weil unsere Regierung Kontrollen an den Ostgrenzen forderte und Außenminister Sebastian Kurz die Merkelsche Politik des „O kommet doch all" (um beim Weihnachtslied zu bleiben) kritisierte.

Österreich kann die Politik der Frau Merkel weder wählen noch abwählen. Aber es ist ein sprichwörtlicher „Abgesang", wenn diejenige, die gestern noch EU-weit die Parole „Wir schaffen das" ausgegeben hat, heute Besorgten das Absingen von Weihnachtsliedern samt dazugehörigem Blockflötenspiel rät.

Die Politik Polens, Tschechiens, der Slowakei und Ungarns in der Flüchtlingskrise ist weit aufgeklärter und voraus-

schauender als die traumtänzerische Haltung Berlins. Die Schließung der Westbalkanroute war der richtige Schritt. Österreich sollte sich an einer humanen, aber machbaren Politik orientieren. Sonst könnten wir am Ende tatsächlich noch flöten gehen.

ERSCHIENEN AM 13. 11. 2016

DAS DENKVERBOT

Man sollte sich niemals politisch-korrekten Denkverboten unterwerfen. Das zeigt der Verlauf der Flüchtlingsdebatte ganz deutlich.

Als vor einigen Monaten Außenminister Sebastian Kurz in der Flüchtlingskrise das „Australische Modell" vorschlug – also das Abfangen der Schlepperboote im Mittelmeer, die Unterbringung der Migranten außerhalb des Festlandes bis zur Klärung der Fluchtursache und die Rückführung illegaler Einwanderer –, bekam er so einiges zu hören. Die Wiener Stadträtin Sonja Wehsely (SPÖ) etwa zog Vergleiche zu Internierungslagern und Verfolgten in der Nazi-Zeit. Die Vorsitzende der Sozialistischen Jugend, Julia Herr, forderte, Kurz solle „sich zusammenreißen" und aufhören, Gefallen an „schwerwiegenden Menschenrechtsverletzungen" zu finden. Das „Australische Modell" sei „an Unmenschlichkeit kaum zu überbieten". Die Organisation SOS Mitmensch ließ ausrichten, der Plan von Kurz sei „undurchdacht, unmenschlich und zynisch". „Das Vorgehen Australiens ist kein Modell für uns", lautete die Antwort aus Brüssel. Auch aus Deutschland kam Ablehnung. Und das Büro des UNO-Hochkommissars für Flüchtlinge äußerte sich ähnlich übertrieben moralisierend.

In Wahrheit hatte Außenminister Kurz das einzig Vernünftige gesagt: In Afrika sitzen 400 Millionen Menschen auf gepackten Koffern. Nur schon diesen Oktober kamen

28.000 Menschen mit Schlepperbooten über das Mittelmeer und stellten Asylanträge auf dem europäischen Festland. Die meisten von ihnen versuchen jetzt gerade, nach Deutschland, Schweden oder Österreich weiterzureisen. Während wir im Chaos versinken, ist es Australien gelungen, die illegale Einwanderung auf null zu reduzieren. Und übrigens auch in den USA werden Asylsuchende bestimmter Nationalitäten zwangsweise interniert (wogegen der UNO-Hochkommissar für Flüchtlinge interessanterweise nichts einzuwenden hat. Aber die Hand, die einen füttert, beißt man besser nicht.)

Seit letzter Woche fordert auch Deutschland, „die im Mittelmeer geretteten Migranten möglichst direkt nach Afrika zurückzuschicken". Asylanträge sollen nicht in Europa, sondern auf afrikanischem Boden gestellt werden. Erst wenn diese erfolgreich sind, ist eine Weiterreise auf das europäische Festland gestattet. Mit einem Wort: Das offizielle, politisch-korrekte „Wir schaffen das"-Deutschland fordert das „Australische Modell". Schon bald wird die EU so ihre Außengrenze auf See sichern. Und sehr bald wird jeder immer schon für dieses Modell gewesen sein.

Der schräge Verlauf der Debatte zeigt, dass man sich nie politisch-korrekten Denkverboten unterwerfen sollte: Wer in der früheren Sowjetunion für die Privatisierung des Gurkenhandels eintrat, wurde als Faschist diffamiert. Wer in Texas gegen die Todesstrafe demonstriert, gilt als Linksextremer. Und wer zu Beginn der Flüchtlingskrise nicht am Bahnhof „Willkommen" rief und Beifall klatschte, war ein rechter Hetzer. Wer es heute noch tut, handelt gegen die

Regierungslinie der SPÖ, die eine Asyl-Obergrenze mit-beschlossen hat.

In Wahrheit braucht man im Leben zwei Eigenschaften: einen gesunden Menschenverstand und den Mut, zur eigenen Meinung zu stehen. Keinesfalls sollte man die politische Korrektheit bestimmen lassen, was man sagen oder denken soll. Das meinte der große Schiller als er einen Helden seines Dramas „Don Karlos" dem König zurufen ließ: „Geben Sie Gedankenfreiheit!"

ERSCHIENEN AM 20. 11. 2016

DIE STILLE REVOLUTION

Der Sieg Donald Trumps war die Niederlage des etablierten Politikbetriebes. Die Menschen haben die Einheitspartei der Hochmütigen, Heuchler und politisch Korrekten satt. Nicht Trump verführte die Massen, sondern die Massen bemächtigten sich seiner in einer „stillen Revolution".

Was haben die Schweiz, Großbritannien und die USA gemeinsam? Sie zählen zu den ältesten Demokratien der Welt. Es ist kein Wunder, dass die „stille Revolution" gegen das Polit-Establishment in diesen Ländern begonnen hat. In der Schweiz gab es schon vor Monaten eine Volksabstimmung darüber, ob in der globalisierten Welt Manager Millionen verdienen dürfen, während Familien, Arbeitnehmer und Pensionisten bald nicht mehr das Nötigste zum Leben haben. Die Schweizer lehnten – mit direktdemokratischen Mitteln – die grenzenlose Immigration, den Bau von Minaretten und das Bleiberecht für kriminelle Asylwerber ab. Die Briten beschlossen in einem Referendum den Austritt aus der EU und die US-Amerikaner wählten Donald Trump. All das waren demokratische Antworten an eine abgehobene Elite aus Politik und Wirtschaft, die sich nur noch um sich selber dreht und um die Mehrheitsmeinung nicht kümmert.

Im politischen Establishment gilt es als schick, für grenzenlose Immigration zu sein. Man rümpft die Nase über die eigenen Leute. Freihandelsabkommen sind angeblich nur gut und am Elend der Welt ist immer die Überheblichkeit des Westens schuld. Wer das in Frage stellt oder nicht die richtigen Worte benützt, wird der gnadenlosen Inquisition der politischen Korrektheit unterworfen. Das ist Politik der Elite für die Elite. Für jene, die es sich in der Seifenblase der Privilegien sehr bequem eingerichtet haben.

Schon längst haben die Bürger bei Entscheidungen von ungeheurer Wichtigkeit überhaupt nichts mehr mitzureden: CETA, TTIP, EU-Beitrittsverhandlungen mit der Türkei oder Massenansturm von Flüchtlingen aus der islamischen Welt, um nur einige zu nennen. Und dieser Demokratiemangel wird sich rächen.

Larry Summers, ehemaliger Finanzminister unter Bill Clinton und sogar ein Verfechter der Globalisierung, hat das verstanden. Monate vor der Wahl Trumps sagte er: „Im Kern ist die Revolte gegen die Globalisierung nicht eine Folge von Dummheit. Es ist ein Gespür, und gewiss kein völlig unberechtigtes, dass die globale Integration von Eliten für Eliten vorangetrieben wird mit wenig Beachtung der Interessen normaler Leute."

Nicht Trump hat die „Menschen mit Populismus auf Facebook oder Twitter verführt", wie das dümmliche Erklärungsmuster des hilflosen Polit-Establishments lautet. Vielmehr haben die Menschen sich Trumps bemächtigt, um einer Schein-Elite die Abfuhr zu erteilen.

Und wie wenig der etablierte Politikbetrieb die Zeichen der Zeit verstanden hat, zeigt die überhebliche Reaktion der deutschen Kanzlerin Angela Merkel auf Trumps Wahlerfolg: Sie bot dem künftigen 45. US-Präsidenten „nur dann" ihre Zusammenarbeit an, wenn er „Werte wie

Demokratie, Freiheit, den Respekt vor der Würde des Menschen unabhängig von Herkunft, Hautfarbe, Religion, Geschlecht, sexueller Orientierung oder politischer Einstellung achtet". Liebe Frau Merkel, wieso richten Sie das nicht schon längst Herrn Erdogan aus?

ERSCHIENEN AM 27. 11. 2016

DER STAATLICH ORGANISIERTE BILDUNGSBETRUG

Österreichs Bildungspolitiker machen ihre Drohung wahr: Sie schaffen schrittweise das Sitzenbleiben und die Schulnoten ab.

Etwa 30 % der 15-Jährigen können kaum lesen, schreiben oder rechnen. Das ist eine Katastrophe für unser Land. Um dieses Desaster vor der Öffentlichkeit zu vertuschen, haben sich die Bildungspolitiker nun darauf verlegt, das Sitzenbleiben und die Schulnoten schrittweise abzuschaffen. Den Anfang machen die Volksschulen.

Ab nun sind alle Volksschüler bis zur dritten Klasse „jedenfalls berechtigt, in die nächsthöhere Schulstufe" aufzusteigen – selbst wenn sie dem Unterricht in keiner Weise folgen können. Auch auf Schulnoten kann ab sofort verzichtet werden. Der Lehrer gibt über den Schüler nur mehr eine „Leistungsinformation" ab, aus der nicht hervorgehen darf, welcher Note die Leistung des Schülers entspricht.

Mit anderen Worten: Am Ende steht im Zeugnis keine Schulnote, sondern nur ein inhaltsleeres „Blabla", das nicht erkennen lässt, ob oder wie gut ein Kind lesen, schreiben oder rechnen kann.

Von einem Schüler, der das Lesen, Schreiben oder Rechnen nie erlernt hat, heißt es im Zeugnis künftig: „Er kann gut zuhören und versteht auch manches". Wer von anderen abschreibt, „delegiert seine Hausaufgaben erfolgreich".

Und wer stets dämliche Antworten gibt, den Unterricht schwänzt und am Ende von der Schule fliegt, „ist sehr originell, widmet sich erfolgreich außerschulischen Aktivitäten und verlässt die Lehranstalt auf eigenen Wunsch, um sich mit seinen Fähigkeiten und Kenntnissen neuen Herausforderungen zu stellen".

Zu dem staatlich organisierten Bildungsbetrug passt es, dass in Wien und Niederösterreich Asylwerber – die kaum Deutsch sprechen – in Blitzkursen von nur 100 Tagen den österreichischen Pflichtschulabschluss nachholen können. Für den müsste man eigentlich acht Jahre in Volks- und Hauptschule gehen. Ein solcherart erlangter Blitzkurs-Pflichtschulabschluss ist genauso wertlos wie ein Schulzeugnis ohne Noten.

In Anlehnung an Harald Schmidt möchte man sagen: Wenn die betrogenen Schüler sich plötzlich fragen, warum sollen wir eigentlich jeden Morgen aufstehen und noch zur Schule gehen, dann sind die Wahlergebnisse schon bald das Harmloseste, was uns passieren kann.

ERSCHIENEN AM 4. 12. 2016

DIE ARROGANZ DER MACHT

Jahrelang hieß es, die Bürger würden sich nicht mehr für Politik interessieren. Wenn sie es dann doch tun, gelten sie als Wutbürger.

Noch vor Monaten war das Schlagwort von der „Politikverdrossenheit" in aller Munde. Es galt als „das" Zukunftsproblem unseres Landes. Das Polit-Establishment überbot sich mit den sattsam bekannten Phrasen: „Man müsse die Sorgen und Ängste der Menschen ernst nehmen" und „bürgernäher" werden. Wiens Bürgermeister Michael Häupl preschte medienwirksam als Allererster vor: Er ließ die Wiener in einer Volksbefragung über so überaus wichtige Zukunftsfragen abstimmen wie den Hundeführerschein, die Wiedereinführung der Hausmeister oder ob eine Maut das Parkpickerl für den 1. Wiener Gemeindebezirk ersetzen soll.

Über die wilden Spekulationsgeschäfte der Stadt Wien mit Steuergeldern gab es keine Volksbefragung mehr – auch nicht über Gesetze gegen die radikale Islamisierung in Kindergärten oder den Sozialhilfe-Missbrauch, der einer afghanischen Familie 8000 Euro monatlich samt Gemeindewohnung bescherte. Überhaupt wurde es im etablierten Politikbetrieb rund um das Thema „Politikverdrossenheit der Bürger" schlagartig still. Was war geschehen?

Kurz gesagt: Die Menschen lassen sich von der Politik nicht mehr veralbern. Sie sind nicht dankbar dafür, dass sie über Hundeführerscheine abstimmen dürfen, während der Bundeskanzler das geheim verhandelte CETA-Abkommen unterschreibt und die Bürger machtlos dabei zusehen müssen, wie die EU mit der Erdogan-Türkei Beitrittsverhandlungen führt. Die Pensionisten freuen sich nicht wie kleine Kinder, dass sie von der Regierung eine 100-Euro-Einmalzahlung geschenkt erhalten, während die meisten von ihnen in die Altersarmut schlittern und die Europäische Zentralbank ihre Sparguthaben vernichtet, nur um Banken und Pleitestaaten in Südeuropa zu stützen.

Politikverdrossenheit ist passé. Die Menschen interessieren sich jetzt sehr ernsthaft für Politik. Viel ernsthafter als dem Polit-Establishment lieb ist. Vor allem vergleichen die Menschen das, was man ihnen in den politisch gefärbten Beiträgen und Talk-Shows der System-Medien vorgaukelt, mit der Wirklichkeit vor ihrer Haustüre. Und die Wirklichkeit sieht ganz anders aus. Deswegen vertrauen europaweit 64 % der Jugendlichen der etablierten Politik und den Medien überhaupt nicht mehr. Oder, wie es Nobelpreisträger Robert Shiller ausdrückt: „Das Misstrauen gegen die Eliten ist berechtigt".

Immer mehr Menschen spüren, dass es so nicht weitergehen kann. Das ist natürlich eine Gefahr für die abgehobenen Eliten aus Politik und Wirtschaft, die es sich mit ihren Privilegien und Pfründen sehr bequem eingerichtet haben. Dieses Establishment stempelt daher jeden, der offen Kritik an den herrschenden Zuständen übt oder sich gegen die Arroganz der Macht stellt, als „Wutbürger" ab.

Die Überheblichkeit dieser Schein-Eliten gegenüber den sozialen Problemen der Bürger erinnert an den Vorabend

der französischen Revolution. Damals vermeldeten Abge-
sandte dem König Frankreichs, dass das Volk kein Brot
mehr hat. Die arrogante Antwort von Königin Marie
Antoinette lautete: „Wenn sie kein Brot haben, dann sollen
sie doch Kuchen essen!"

VERÖFFENTLICHT AM 11. 12. 2016

DER GROSSE FEHLSCHLUSS

Tag eins nach der Bundespräsidentenwahl: Der ORF erhöht die Zwangsgebühren, im neuen Fremdenrechtspaket gibt es plötzlich keine Obergrenze für Asylanträge mehr und die PISA-Studie zeigt den dramatischen Bildungsabsturz der Schüler. Unsere Regierung scheint da etwas falsch verstanden zu haben.

Österreich hat 9 % Arbeitslosigkeit, faktisch kein Wirtschaftswachstum mehr und eine zerstrittene Regierung, die seit Monaten nur noch versucht, irgendwie über die Runden zu kommen. Unser Land ist trotz der Steuer- und Abgabenquote von 42 % total verschuldet. Der Mittelstand bricht weg und jeder, der es sich leisten kann, überlässt seine Kinder nicht mehr dem staatlichen Bildungssystem, das unter den 15-Jährigen etwa 30 % Analphabeten hervorbringt. Teure Privatschulen boomen daher. Die Pensionskassen hingegen sind leer. Das System steht vor dem Kollaps. Mehr als ein Viertel aller Staatsausgaben werden für öffentliche Pensionsleistungen ausgegeben. Die bitter nötige Verwaltungsreform ist tot. Die letzte „Großtat" der Regierung war die Entrümpelung der Gewerbeordnung. Nach monatelangen Verhandlungen entschied man: Die 80 reglementierten Gewerbe werden nicht reduziert. Ganz im Gegenteil, es kam sogar ein neues Gewerbe hinzu – der Hufschmied.
Die außenpolitische Großwetterlage steht auf Sturm. Der türkische Präsident Erdogan wird das EU-Flüchtlings-

abkommen demnächst aufkündigen und die Schleusen nach Europa öffnen. Österreich muss mit einer neuen gewaltigen Flüchtlingswelle aus der islamischen Welt rechnen.

All das wurde von der Bundespräsidenten-Stichwahl überschattet. Der Sieger, Alexander van der Bellen, benötigte die gesamte Wirtschaft, Politik, Kultur, Medienlandschaft sowie alle Parteien des Landes – außer der FPÖ und sieben Stronach Abgeordneten –, um auf etwa 53 % der Stimmen zu kommen. Die Kandidaten von SPÖ und ÖVP erhielten überhaupt nur je 11 %. Das entspricht dem Wahlergebnis von Baumeister Richard Lugner, als dieser 1998 erstmalig als One-Man-Show für das Bundespräsidentenamt kandidierte.

Es ist also völlig unerfindlich, warum unsere Regierung nach der Wahl van der Bellens „aufatmet". Und noch unerfindlicher ist es, dass man die Dreistigkeit haben kann, einen Tag später die ORF-Zwangsgebühren zu erhöhen, Asyl-Obergrenzen aus dem Entwurf zum Fremdenrecht zu streichen und die katastrophale PISA-Studie unkommentiert vorzulegen. Sollte die Regierung nicht in die Gänge kommen, wird sie bei der nächsten Wahl ihr „blaues Wunder" erleben.

Und bis dahin kann sich die Koalition mit Nestroy sagen: „Ich hör' schon das Gras wachsen, in welches ich beißen werd'."

ERSCHIENEN AM 18. 12. 2016

DAS PISA-DESASTER

Nach dem erneuten PISA-Desaster fordert unser Bundeskanzler: „Wir müssen die Schule entideologisieren". Dazu müsste er zuallererst jenen Bildungspolitikern den Laufpass geben, die seit Jahren aus ideologischen Gründen „alle Kinder gleich schlecht statt unterschiedlich gut machen".

Laut PISA 2015 kann jeder dritte Schüler in Österreich nach 9 Jahren Unterricht nicht lesen, rechnen oder hat keine Ahnung von Naturwissenschaften. Die österreichweite „Standardüberprüfung in Deutsch" offenbarte sogar ein noch größeres Desaster: 40 % der 10-Jährigen können nicht sinnerfassend lesen. Sie verstehen altersgemäße Sätze nicht. Viertklässler lesen einen einfachen Text und wissen nicht, was sie gerade gelesen haben. Und das, obwohl „die außerordentlichen Schüler" – also jene mit mangelnden Deutschkenntnissen – am Test gar nicht teilgenommen haben.

Alle diese „ausgrenzungsgefährdeten Jugendlichen" (wie sie die Statistik später verharmlosend nennen wird) marschieren heute direkt von einem der teuersten Schulsysteme – das sie nicht klüger, sondern dümmer gemacht hat – zum Arbeitsmarktservice (AMS). Dort gibt man für die 15–24-Jährigen mittlerweile rund 600 Millionen Euro pro Jahr aus; etwa für Schulungen, Förderungen und Beihilfen. Trotz dieses gewaltigen finanziellen Aufwandes finden nur sehr wenige „ausgrenzungsgefährdete Jugendliche" jemals in eine Dauerbeschäftigung.

Der Verfall macht übrigens auch vor unserem Lehrernachwuchs nicht halt. Bis zu 50 % der Lehrer-Anwärter fehlen fundamentale Kenntnisse der deutschen Sprache. Viele werden nur an der Hochschule aufgenommen, wenn sie zuvor versprechen, noch rasch einen Rechtschreibkurs zu absolvieren.

Das sind die Folgen falscher – ideologischer – Politik: Die bunte Gemeinde der „Kuschel-, Erlebnis- und Wohlfühl-Pädagogen" will, dass „alle Kinder gleich schlecht statt unterschiedlich gut" sind. Über die Schule will man die Unterschiedlichkeit der Menschen abschaffen. Wegen dieser Gleichmacherei kommt es zur ständigen Nivellierung nach unten.

Als großes Vorbild diente Finnland. Das Land hatte um das Jahr 2000 hervorragende PISA-Werte. Bildungspolitiker schwärmten davon, dass die Schüler in Finnland antiautoritär erzogen würden, vortrefflich ihren eigenen Namen tanzen könnten und weder Hausaufgaben noch Schularbeiten zu machen brauchten. Ganze Delegationen pilgerten jährlich zu den Finnen.

Doch die hoch renommierte „London School of Economics" räumte mit diesem Irrtum auf. In der Studie „Die wahre Geschichte einer Bildungssupermacht" kam sie zu einem anderen Urteil über Finnlands Schulen. Die großen PISA-Erfolge des Jahres 2000 gingen nicht auf das neue, sondern auf das alte finnische Schulsystem zurück. Das beruhte auf seinen strengen Lehrern und – dem heute so verpönten – Frontalunterricht (der in seiner modernen

Form als fragend entwickelter Unterricht äußerst wirkungs-
voll sein soll, wie das Münchener Ifo-Institut erforscht hat).
Bundeskanzler Kern sprach von der Entideologisierung. Die
Reaktion von Bildungsministerin Hammerschmid auf das
PISA-Desaster hört sich aber gar nicht danach an: Sie will
die gleichmacherische Gesamtschule, mehr genderspezi-
fische Angebote (Stichwort: „Elterinnen und Eltern") und
im Unterricht Raum für neue Experimente.

Das ist keine Entideologisierung, sondern eine „Endideolo-
gisierung". Das nächste PISA-Desaster kommt bestimmt!

ERSCHIENEN AM 15. 1. 2017

DIE INNERE SICHERHEIT

Terroranschläge, Sex-Attacken und explodierende Kriminalität in Wien sprechen eine deutliche Sprache: Unser Rechtsstaat muss nun mit voller Härte durchgreifen. Dazu muss die Regierung die Gesetze verschärfen.

Seit einem Jahr hat sich die innere Sicherheitslage dramatisch verschlechtert: Zu Silvester kam es zu Attacken eines brutalen Sex-Mobs in Innsbruck. In Salzburg verteilten Polizisten Handalarmgeräte an Frauen. In Schwimmbädern werden Sicherheitsdienste benötigt. Wiens Polizeipräsident rät, dass „Frauen nachts generell in Begleitung unterwegs sein sollten". Meldungen, wie jene von neun Irakern, die eine 28-Jährige vergewaltigten, häufen sich. In der Bundeshauptstadt liefern sich Afghanen und Tschetschenen offen Bandenkriege und verhöhnen Polizei und Gericht. Weihnachtsmärkte, Flughäfen und Bahnhöfe sind wegen islamistischer Terroristen nicht mehr sicher. In Graz randalierte ein 23-jähriger afghanischer Staatsbürger, schrie „Allahu Akbar" und verletzte einen Polizisten. Einen Haftantrag gegen den Mann gab es nicht.
Unser Rechtsstaat stößt zunehmend an seine Grenzen. Diese kriminellen Taten sind keine „Naturkatastrophen", die wir ab nun als allgemeines Lebensrisiko in Kauf nehmen müssen. Es sind Auswüchse einer falschen Politik. Unser Rechtsstaat muss sich rechtzeitig wehren und die freie

Gesellschaft verteidigen. Hier die wichtigsten Aufgaben für unsere nach wie vor untätige Regierung:

- Die Strafen für Gewalt- und Sexualverbrecher müssen drastisch erhöht werden. Es ist mit langjähriger unbedingter Haft ohne vorzeitige Entlassungsmöglichkeit und bei kriminellen Asylwerbern mit dem sofortigen Verlust des Asylstatus, Abschiebungen und lebenslangen Einreiseverboten vorzugehen.

- Es ist die gesetzliche Grundlage zu schaffen, dass ein IS-Sympathisant oder jemand, der randaliert, die Polizei attackiert und „Allahu Akbar" schreit, als potentieller Gefährder sofort aus dem Verkehr gezogen werden kann. Vorbild ist einmal mehr der moderne, wehrhafte Staat Israel: Dort kann künftig über IS-Sympathisanten und potentielle Gefährder Administrativhaft verhängt werden.

- Sollten sich die jeweiligen Herkunftsländer weigern, ihre straffälligen oder sonst ausgewiesenen Staatsangehörigen zurückzunehmen, sind gegen diese Länder Handels- und Wirtschaftssanktionen zu verhängen. Jede Form der Entwicklungshilfe müsste eingefroren und diese Haltung von Österreich auch in der EU vertreten werden.

- Das Staatsbürgerschaftsrecht muss reformiert werden. Wer die Scharia etablieren will, Juden hasst oder den heiligen Krieg gegen Ungläubige befürwortet, soll nicht stimmberechtigtes Mitglied unserer Gesellschaft werden können.

- Solange die Grundversorgung samt Zuschüssen ein Vielfaches des Durchschnittslohnes im Herkunftsland ist, wird Österreich weiter Magnet für massenhafte Asyl-

anträge von Personen etwa aus afrikanisch-arabischem Kulturkreis bleiben. So entstehen soziale Brennpunkte. Die Geldleistungen sind daher spürbar herabzusetzen und im Wesentlichen auf Sachleistungen (Essen, Wohngelegenheit) umzustellen.

– Die Grenzen sind zu sichern. Asylverfahren sind beschleunigt und unter Beachtung internationaler Abkommen durchzuführen. Das bedeutet: Jeder, der über einen sicheren Drittstaat nach Österreich eingereist ist, ist umgehend dorthin zurückzubringen.

Wie sagte schon Goethe: „Wer sich den Gesetzen nicht fügen will, muss die Gegend verlassen, in denen sie gelten."

ERSCHIENEN AM 22. 1. 2017

DIE FALSCHMELDUNGEN

Unsere Regierung will „Fake News" – Falschmeldungen im Internet – verbieten. Dann sollte sie zuallererst ihre „gefärbten Statistiken" löschen, mit denen sie die Bürger über das wahre Ausmaß von Kriminalität und Asylmissbrauch täuscht.

„Ich glaube nur der Statistik, die ich selbst gefälscht habe", soll Winston Churchill gesagt haben. Nach diesem Motto handelt unsere Bundesregierung. Sie will offensichtlich den Menschen das wahre Ausmaß von Kriminalitätsentwicklung und Asylmissbrauch verheimlichen. Die Statistiken werden bis zur Aussagelosigkeit verändert. Was die Regierung den Bürgern nicht offenbaren will, wird nicht mitgezählt. Im benachbarten Merkel-Deutschland durften die Polizisten nach der Skandalnacht von Köln die Herkunft der Täter nicht erfassen. Das ergab ein Untersuchungsausschuss über die Vorfälle. In Österreich geht es ähnlich zu. Hier das Beste:
– Der wahre Anteil von Asylwerbern an Straftaten wird entweder nicht erhoben oder gezielt heruntergespielt. Zum Beispiel wird der Angriff des afghanischen Sex-Mobs auf Frauen in Innsbruck der Asylwerber-Kriminalität nicht zugerechnet, solange „offiziell gegen unbekannt" ermittelt wird. Das, obwohl die Polizei den Täterkreis ganz genau kennt.
– Wenn derselbe Täter etwa 20 Einbrüche verübte, wurde das in der Kriminalstatistik als nur ein Delikt dargestellt.

– Als die Anzeigen gegen die afrikanische Drogenmafia in Wien massiv anstiegen, kam „die Anweisung von ganz oben", in der nächsten Zeit an den Brennpunkten weniger zu kontrollieren. Dies, um den Bürgern das wahre Ausmaß der Kriminalität und die Herkunft der Täter zu verschweigen.

– In die jährliche Asylobergrenze unserer Regierung von 37.500 werden nur Asylwerber eingerechnet, die ihren Asylantrag gleich an der Grenze stellen. Die – abertausenden – illegalen Grenzübertritte nach Österreich und der gesamte Familiennachzug werden auch weiterhin nicht mitgezählt. Wer also die Grenze unkontrolliert überschreitet und erst in Traiskirchen einen Asylantrag stellt, wird in die Asylobergrenze unserer Regierung nicht eingerechnet.

– Ein Asylwerber, der seinen Pass wegwirft und den Behörden eine falsche Identität angibt, kann später nie mehr abgeschoben werden. Kein Wunder: Sein Heimatland steht ja nicht zweifelsfrei fest. Solche Personen – von denen es mittlerweile Tausende in Österreich gibt – gelten für unsere Regierung nicht als „Asylanten", sondern als „Geduldete". Sie halten sich weiterhin unbehelligt im Bundesgebiet auf. Sie werden in die Asylobergrenze der Regierung nicht eingerechnet.

– Asylwerber, die in einem anderen EU-Land bereits Asyl beantragt haben und nun in Österreich einen neuen Asylantrag stellen, werden von unserer Regierung ebenfalls nicht mitgezählt.

– Laut Sozialministerium nimmt die Anzahl der Bezieher von Mindestsicherung kaum zu. Auch das ist so unrich-

GESTERN

HEUTE

MORGEN

tig. Wenn ein Asylberechtigter rund 830 Euro Mindestsicherung pro Monat bezieht und dann seine gesamte
Familie nachholt, so erhöht sich die Mindestsicherung
samt Beihilfen; in extremen Fällen auf mehrere Tausend
Euro monatlich. Das gilt unserem Sozialministerium
nicht als Anstieg von Mindestsicherungsbeziehern.

Bevor unsere Regierung Jagd auf „Fake News im Internet"
macht, sollte sie lieber einmal selbst den Bürgern die Wahrheit sagen.

ERSCHIENEN AM 29. 1. 2017

DER „GIULIANI-PLAN"

Es vergeht keine Woche ohne Terror, den Jugendbanden in unseren Großstädten verbreiten. Das ist eine neue Welle der Gewalt. Unsere Regierung ist hilflos und überfordert. Es ist an der Zeit, dass Polizei und Justiz zum Schutz der Bürger auf Null-Toleranz-Politik umschalten.

Letzen Sonntag schlugen ein Afghane, ein Araber und 13 ihrer per Handy herbeigerufenen Freunde auf einen 26-Jährigen ein und raubten ihn aus. Am selben Tag wurde einem Musiker der Finger gebrochen, weil er drei Jugendliche auf das Rauchverbot in der U-Bahn aufmerksam machte. Etwa 50 afghanische Jugendliche griffen „verfeindete" Tschetschenen mit Messern und Eisenstangen an. In Linz ist der Bahnhof zur Frauenhölle geworden: An der deutschen Grenze zurückgewiesene marokkanische Asylwerber versammeln sich dort regelmäßig. Es kommt neben sexueller Belästigung zu schwerer Körperverletzung, gefährlicher Drohung und räuberischem Diebstahl. Die Situation in Salzburg und Villach ist nicht viel anders. Wien ist mittlerweile unter Banden verschiedener Ethnien fix aufgeteilt: Die Längenfeldgasse ist in der Hand der Nigerianer. Schottenring und Praterstern gehören den Nordafrikanern; Westbahnhof und Karlsplatz den Afghanen. Am Handelskai liefern sich Afghanen und Tschetschenen Bandenkriege – in der Josefstadt bekriegen sich Afghanen und Nigerianer. Immer wieder kommt es zu brutalen Gewaltausbrüchen gegen Zufallsopfer. Sogar Sicherheitsdienste in Einkaufszentren gehen den Banden aus dem Weg.

New York hatte in den 90er-Jahren ähnliche Probleme. Aber nur bis zu jenem Tag, als Rudolph Giuliani Bürgermeister wurde. Der „Mann des Jahres 2001" fuhr eine rigorose „Null-Toleranz-Politik". Kurze Zeit später war New York wieder eine der sichersten Städte der Welt. Hier ein „Giuliani-Plan" zur Umsetzung für unsere untätige Regierung:

- Schon kleine Vergehen oder Belästigungen müssen zum polizeilichen Zugriff und zu mehrtägiger Haft führen.
- Von Personen, die in Österreich einen Asylantrag gestellt haben, muss man erwarten, dass sie unserem Land dankbar sind. Wer Drogen verkauft, Bandenmitglied ist, religiösen Extremismus und Terrorismus unterstützt, sonst straffällig wird oder mehr als drei Vergehen setzt, ist – nach Verbüßung der Strafe – im Schnellverfahren abzuschieben. Im Fall der Wiedereinreise droht Haft.
- Bei sexueller Belästigung ist immer Untersuchungshaft zu verhängen. Dass vom Verdächtigen keine Gefahr mehr für Frauen ausgeht, muss der Verdächtige zweifelsfrei beweisen. Solange er das nicht kann, bleibt er in U-Haft.
- Auffällige Personen werden ab nun stark kontrolliert.
- Polizisten mit vielen Aufgriffen erhalten einen finanziellen Bonus.
- Bahnhöfe und verwahrloste Gegenden werden aufgeräumt und gesäubert.
- Gewaltverbrecher, Einbrecher und Diebe müssen während der Haft arbeiten. Jeder Cent, den sie verdienen,

SICHERE STADT: GIULIANIS NEW YORK

geht an die Opfer – und zwar bis der Schaden wiedergut-
gemacht ist.

– Personen, die den Behörden falsche Identitäten angeben,
um ihre Abschiebung zu verhindern, sind auf zwei von
der UNO geschützte Inseln außerhalb Europas zu bringen (Australisches Modell). Dort haben sie Gelegenheit,
darüber nachzudenken, wer sie sind und woher sie kommen.

Getreu Giulianis Motto: „Nichts wird mehr so sein, wie es
war – es wird besser."

ERSCHIENEN AM 5. 2. 2017

EINSTEIN LÄSST GRÜSSEN

Neuigkeiten vom künftigen EU-Mitglied Türkei: Aus allen türkischen Schulbüchern soll die bahnbrechende Evolutionstheorie von Charles Darwin verbannt werden. Der epochale Naturwissenschafter darf nicht einmal mehr zitiert werden. Dies, um die Schüler zu „guten Muslimen" zu erziehen.

Präsident Erdogan will aus seinem Land eine streng islamische Selbstherrschaft machen. Um das durchzusetzen, lässt er bekanntlich Zeitungen schließen, Andersdenkende verhaften, die Armee „säubern", entließ Tausende Lehrer, Staatsanwälte sowie Richter und führte per Gesetz das Kopftuch wieder ein. Seine Partei hat soeben 18 Verfassungsartikel geändert, und im April gibt es eine Volksabstimmung über ein neues Grundgesetz, dass das Ende der modernen Türkei besiegeln wird. Dann besteht eine islamistische Autokratie vor Europas offenen Scheunentoren.

Die „Wieder-Islamisierung" eines der wichtigsten NATO-Staaten wird von einer aberwitzigen staatlichen Umerziehungskampagne begleitet: Geradezu legendär ist die Forderung von Bülent Arinc (dem ehemaligen Parlamentspräsidenten und Erdogan-Vize), dass „Frauen in der Öffentlichkeit nicht mehr laut lachen sollen". Oder die ulkige These von Ahmet Davutoglu (bis vor kurzem türkischer Premierminister), wonach „die Selbstmordrate in

Europa so hoch ist, weil dort Gleichberechtigung zwischen Mann und Frau herrscht". Und Präsident Erdogan höchstpersönlich erklärte seinen Landsleuten in einer Fernsehansprache, „nicht Christoph Kolumbus, sondern Muslime hätten Amerika entdeckt". Es sei ein muslimischer Ur-Kontinent.

Der neueste Streich der regierenden „Partei für Gerechtigkeit und Fortschritt" ist, die Evolutionstheorie von Charles Darwin aus türkischen Schulbüchern zu verbannen. Kurz gesagt: Für den türkischen Bildungsminister Ismet Yilmaz hat es die Evolution nie gegeben! Darwins Lehre sei „veraltet und verfault". Der Mensch hat sich für Yilmaz nicht über Jahrtausende vom Affen zum heutigen Homo sapiens entwickelt. Für ihn stammt ein Pudel auch nicht vom Wolf ab, sondern alle Menschen und Tiere seien – ganz genau so, wie sie heute sind – von Allah in einem Akt erschaffen worden.

Das ist naturwissenschaftlich natürlich völliger Unsinn. Aber die bizarre Wissenschaftsfeindlichkeit streng islamistischer Staaten ist nicht neu. Seit dem 15. Jahrhundert sabotierten islamische Gelehrte die Einführung der Druckerpresse – jener Maschine, die in Europa das epochale Zeitalter der bis heute dauernden Neuzeit eingeleitet hat. Der Grund? Neben dem Koran durfte kein anderes Buch gedruckt werden. Erst mit 300-jähriger Verspätung konnte die erste Druckerei gegründet werden. Die islamistisch-arabischen Staaten geben nur 0,2 % ihres Bruttosozialproduktes für Bildung und Forschung aus. Der Anteil der Bücher, die in der arabischen Welt gedruckt werden, liegt bei bloß 0,8 % der Weltproduktion.

Fast noch bestürzender als die Entwicklung in der Türkei ist die Reaktion der außenpolitischen Spaziergänger in Brüssel: Sie sehen in all dem nichts Beunruhigendes oder gar Gefährliches und führen mit Ankara munter EU-Beitrittsgespräche – als ob nichts wäre.

Da fällt einem nur noch der Satz des Physikgenies Albert Einstein ein, den man in allen Schulbüchern der EU und Türkei drucken sollte: „Zwei Dinge sind unendlich, das Universum und die menschliche Dummheit, aber bei dem Universum bin ich mir noch nicht ganz sicher."

ERSCHIENEN AM 12. 2. 2017

VORSCHLÄGE ZUR „SICHERHEIT & INTEGRATION"

Letzte Woche kam es zur Massenfestnahme von 22 Tschetschenen. Die Flüchtlinge hatten eine Maschinenpistole, zwei Pistolen, Munition und ein Messer bei sich, um einen Bandenkrieg auszutragen. Zwei Tage später waren 20 der 22 Tschetschenen wieder auf freiem Fuß. Sieht so das neue Sicherheits- und Integrationspaket unserer Regierung aus?

Die Bandenkriege in Österreich erreichen einen neuen Höhepunkt: Vergangenes Wochenende alarmierten verängstigte Bürger die Polizei. Der Grund: Eine Gruppe von etwa 30 Tschetschenen hatte sich am Wiener Donauinselplatz zusammengerottet. Sie waren mit mehreren Autos gekommen. Die Flüchtlinge hatten eine Maschinenpistole, zwei Pistolen, Munition sowie ein Messer bei sich und wollten gerade einen Bandenkrieg austragen. Als die erste Polizeistreife eintraf, zerstreute sich die Gruppe sofort. Einige Tschetschenen blieben und verhöhnten die Polizisten, indem sie provokant-spöttisch behaupteten, sie würden hier „nur spazieren gehen". Doch dann ging alles Schlag auf Schlag: Ein Polizist bemerkte eine im Schnee versteckte Pistole. Es kam zu Großalarm, WEGA-Einsatz samt Hundestaffel, Durchsuchung, Sicherstellung der Schnell- und Faustfeuerwaffen sowie Festnahme aller 22 noch vor Ort befindlichen Flüchtlinge.

Zwei Tage später befanden sich 20 der 22 Tschetschenen wieder auf freiem Fuß. Und das, obwohl gegen alle wegen Beteiligung an einer kriminellen Vereinigung ermittelt wird!

Eine Regierung, die solche Zustände zulässt, hat bereits die Kontrolle verloren. Kanzler und Vizekanzler haben nach ihrem „x-ten" Neustart ein neues Paket im Bereich „Sicherheit & Integration" präsentiert – aber mit dem dürfte es nicht weit her sein. Mit anderen Worten: In Österreich kann ein Flüchtling mutmaßliches Mitglied einer kriminellen Vereinigung sein und mit seinen Kumpanen samt Maschinenpistole in den Bandenkrieg ziehen, ohne in Haft genommen zu werden.

Da unsere Regierung zu diesem Justizskandal schweigt, hier ein paar Vorschläge zum Thema „Sicherheit & Integration":

- Personen, die in dringendem Verdacht stehen, einer kriminellen Vereinigung anzugehören, sind zwingend in Untersuchungshaft zu nehmen.
- Im Fall einer Verurteilung muss es automatisch zum Verlust des Asylstatus und zur Abschiebung kommen. Das geht bei Tschetschenen sogar sehr einfach, da die Russische Föderation mit Österreich ein Rückreiseübereinkommen hat.
- Art. 8 der Menschenrechtskonvention ist bis auf weiteres teilweise auszusetzen. Das bedeutet: Die Interessen unseres Landes an der Aufrechterhaltung von Sicherheit und Ordnung stehen immer über den Interessen von kriminellen Asylwerbern. Und zwar so lange, bis der Massenansturm auf unsere Grenzen beendet ist.

EIN ENGEL IM TALAR

Die Ereignisse der letzten Monate haben selbst die größte Schlafmütze wachgerufen. Nur unsere Regierung verharrt unbelehrbar im Stillstand. Für sie könnte sich schon bald ein Sinnspruch bewahrheiten, der Helmut Qualtinger zugeschrieben wird: „Wer nicht mit der Zeit geht, wird mit der Zeit gehen müssen."

ERSCHIENEN AM 19. 2. 2017

DER EUGH MUSS GESTOPPT WERDEN

Der Europäische Gerichtshof könnte schon bald ein Urteil fällen, das Deutschland, Schweden und Österreich zerstören würde. Denn dort wird gefordert: Jeder Mensch auf der Welt – dem Folter oder auch nur erniedrigende Behandlung droht – soll das Recht haben, ein Visum für ein EU-Land seiner Wahl zu erhalten.

Die Vorgeschichte zur heraufdämmernden Katastrophe ist rasch erklärt: Eine 5-köpfige syrische Familie ging im benachbarten Libanon in die belgische Botschaft und beantragte humanitäre Visa für Belgien. Ein Familienmitglied sei in Syrien von irgendeiner bewaffneten Gruppe entführt, geschlagen und gefoltert worden, ehe es gegen Lösegeld wieder freigelassen wurde. Die Familie wolle nun Einreisepapiere für den Sozialstaat Belgien, um dort Asylanträge stellen zu können.

Die belgische Botschaft lehnte die Visa-Anträge ab, da das Land nicht verpflichtet ist, weltweit alle Menschen samt Familie aufzunehmen, die katastrophale Situationen erlebt hätten. Die fünf Syrer wollten das nicht akzeptieren. Kurzum: Der Fall landete vor dem Europäischen Gerichtshof (EuGH). Und dort zeichnet sich ein Urteil ab, das Europa in seinen Grundfesten erschüttern würde.

Der italienische EuGH-Generalanwalt Paolo Mengozzi fordert in seinem Schlussantrag: Jeder Mensch auf der Welt – dem etwa erniedrigende Behandlung droht – soll ab sofort das Recht haben, ein Visum für ein EU-Land seiner Wahl zu erhalten. Damit könne er legal in sein „Wunsch-EU-Land" einreisen, dort Asylwerber werden – und bleiben. Alle EU-Botschaften hätten künftig für jedermann weltweit humanitäre Visa auszustellen.

Was das für Schweden, Deutschland und Österreich bedeutet, ist klar: 60 Millionen Menschen sind auf der Flucht. Acht Millionen Afghanen und 68 Millionen Nigerianer wollen ihre Länder verlassen. 800.000 Libyer warten in Häfen auf die Überfahrt nach Europa. Sie alle bräuchten nur zur österreichischen Botschaft gehen, bloß die Gefahr erniedrigender Behandlung aufzeigen, ihre Visa abholen und sich ins nächste Flugzeug nach Wien-Schwechat setzen. In Österreich wartet auf die Neuankömmlinge die monatliche Grundversorgung samt Zuschüssen und Krankenversicherung, bis nach Jahren geklärt ist, ob überhaupt ein Asylgrund besteht. Abschieben kann man kaum jemanden. Der Tsunami träfe nur wohlhabende Staaten – Länder wie Bulgarien oder Rumänien wären vom „Asyl-Tourismus" kaum betroffen. Das nennt man Umverteilung.

Dass gerade der Italiener Mengozzi diesen Wahnsinn fordert, stößt besonders übel auf: Der arabisch-nordafrikanische Massenansturm auf Europa verläuft über die Mittelmeer-Route. Die Flüchtlinge wollen über Italien in den reichen Norden Europas. Den Italienern käme es äußerst gelegen, wenn die Flüchtlinge nicht mehr über ihr Land, sondern mit dem Flugzeug direkt nach Deutschland, Schweden oder Österreich einreisten.

Mit einem Urteil des EuGH ist in wenigen Wochen zu rechnen. Zumeist folgen die Luxemburger Richter der Ana-

EuGH: PER DIREKTFLUG INS WUNSCH-EU-LAND !

lyse des Generalanwaltes. Der EuGH ist für seine krassen Fehlurteile berühmt. Der ehemalige deutsche Bundespräsident und Verfassungsrichter Prof. Roman Herzog brachte es auf den Punkt: „Der EuGH ignoriert bewusst und systematisch die abendländische richterliche Rechtsauslegung, begründet Entscheidungen unsauber, übergeht den Willen des Gesetzgebers oder verkehrt ihn gar ins Gegenteil und erfindet Rechtsgrundsätze. Der EuGH muss gestoppt werden."

ERSCHIENEN AM 26. 2. 2017

FÜR EUROPA
WIRD ES BRANDGEFÄHRLICH

Die Münchner Sicherheitskonferenz brachte es zutage: Die weltpolitische Lage droht zu eskalieren. Die NATO war in den letzten 50 Jahren noch nie so nahe an einem Krieg mit Russland. Für Europa wird es nun brandgefährlich.

Deutlicher konnte die Symbolik zum Ernst der Lage nicht sein: Russlands Präsident Putin sagte seine Teilnahme an der Münchener Sicherheitskonferenz demonstrativ ab. Jener Konferenz, in der er 10 Jahre zuvor eine Brandrede gehalten hatte. Damals nannte er den US-Präsidenten „seinen Freund", warnte aber mit außergewöhnlich scharfen Worten die USA vor „monopolarer Weltherrschaft" und die NATO vor der Osterweiterung „bis an die Grenzen Russlands". Das Nachrichtenmagazin „Der Spiegel" titelte: „Putin warnt USA: Ein Hauch von kaltem Krieg in München". Heute wäre diese Schlagzeile maßlos untertrieben. Die NATO war in den letzten 50 Jahren einer kriegerischen Auseinandersetzung mit Russland noch nie so nahe. Putins Nichterscheinen zur Sicherheitskonferenz war die Entsendung einer US-amerikanischen Panzer-Brigade mit 2000 Panzern, Haubitzen und Militärtransportern nach Osteuropa Anfang 2017 vorangegangen. Deutschland verlegte 5000 Mann nach Litauen. Damit stehen erstmals seit dem 2. Weltkrieg deutsche Soldaten vor Leningrad (heute St. Petersburg). Der Grund: „Zur Abschreckung Russlands."

Für Europa ist das ein brandgefährliches Spiel, das leicht außer Kontrolle geraten kann. Zur Eskalation käme es auf europäischem Boden. Die „Berliner Zeitung" enthüllte obendrein ein Geheimabkommen zwischen Weißem Haus und Kreml aus dem Jahr 1952: Falls der kalte Krieg „heiß" wird, soll die militärische Konfrontation in Mitteleuropa stattfinden. In Amerika und Russland würde keine Fensterscheibe kaputtgehen.

Durch die Russlandkrise sind europaweit auch mehr als zwei Millionen Arbeitsplätze und rund 100 Milliarden Euro an Wertschöpfung in Gefahr (so das Institut für Wirtschaftsforschung).

Wozu das Ganze?

Helmut Kohl hatte Michail Gorbatschow als Gegenleistung für die Wiedervereinigung Deutschlands sein Ehrenwort gegeben, dass die NATO sich keinen Zentimeter nach Osten bewegen wird. Auch die USA hatten dies damals zugesichert. Als dann Polen und die baltischen Staaten NATO-Mitglieder wurden, erhielt Russland keinen politischen, strategischen oder moralischen Ausgleich. Im Gegenteil. Die NATO errichtete Stützpunkte und hält wenige hundert Meter vor der russischen Grenze Manöver ab. Zum Vergleich: John F. Kennedy ließ in der Kuba-Krise 1962 Kriegsschiffe auffahren, als russische Raketen etwa 200 km vor der US-Grenze stationiert wurden. „Vielleicht haben sie sich die Hände gerieben, wie toll man die Russen über den Tisch gezogen hat", sagte Gorbatschow später.

„Hört endlich mit dem Unfug der Sanktionen auf", appellierte der klügste Politiker der BRD, Altkanzler Helmut Schmidt, zwei Wochen vor seinem Tod an die Adresse der

Schlafwandler in Brüssel. Aber die Mainstream-Medien druckten das nicht.

Wir leben auf einem Kontinent. Frieden gibt es nur mit und nicht gegen Russland. Das ist die Lehre, die man aus zwei Weltkriegen gezogen haben sollte. Eine dritte Chance gibt uns die Geschichte nicht. Wie lautet die Metapher von Bert Brecht: „Das große Karthago führte drei Kriege. Nach dem ersten war es noch mächtig. Nach dem zweiten war es noch bewohnbar. Nach dem dritten war es nicht mehr aufzufinden."

ERSCHIENEN AM 5. 3. 2017

SIE NENNEN ES „RETTUNG"

Spätestens zur Jahresmitte geht Griechenland erneut das Geld aus. Athen fordert von den EU-Steuerzahlern jetzt wieder Milliarden. Reformzusagen hat die Regierung von Alexis Tsipras nicht eingehalten. Jeder weiß, „Griechenland ist so nicht zu retten." Und dennoch: Athen wird auch diesmal unser Geld bekommen.

Das mittlerweile dritte Griechenland-Rettungspaket wurde erst im August 2015 verabschiedet. Als Gegenleistung für frische 86 Milliarden Euro der EU-Steuerzahler versprach Griechenlands Ministerpräsident Alexis Tsipras „Reformen". Und wie immer hielt er nicht Wort: Von versprochenen 50 Milliarden Euro Privatisierungserlösen sind nur 1,5 Milliarden in der Kasse. Spätestens im Sommer ist Griechenland wieder Pleite.

Athen fordert von der Eurogruppe jetzt neue milliardenschwere Hilfszahlungen. Und das, obwohl seit 2010 bereits 287 Milliarden Euro nach Griechenland geflossen sind und 2012 der griechischen Regierung 107 Milliarden Euro an Schulden erlassen wurden.

Jedem ist klar: „Griechenland ist so nicht zu retten."

Die Steuereinhebung funktioniert nicht, die Verwaltung funktioniert nicht, das Finanzwesen funktioniert nicht, das Bildungs- und Gesundheitswesen funktioniert nicht. Der von den Medien als moderner „Che Guevara" hochgejubelte Tsipras hatte nie ein Konzept, wie griechisches

Wirtschaftswachstum aus eigener Kraft zu schaffen ist. Sein revolutionärer Masterplan lautete bloß: „Bezahlen sollen die anderen."

Die Staatsverschuldung liegt mit 170 % jenseits aller tragbaren Werte – sogar die Griechen haben von Tsipras genug. Seine Partei kommt in Umfragen auf nur noch 16 %.

„Clevere Menschen in Brüssel, Frankfurt und Berlin wussten schon im Mai 2010, dass Griechenland seine Schulden niemals zurückzahlen wird", sagt der ehemalige griechische Finanzminister Varoufakis völlig ungeniert. Und dennoch wird Athen wieder unser Geld bekommen. Hier die drei Hauptgründe:

– Deutschland kostet ein Auseinanderbrechen der Euro-Zone infolge „Grexit" 310 Milliarden Euro. Kanzlerin Merkel stellt sich 2017 der Wiederwahl. Bei einer Pleite Griechenlands würden die unverantwortlichen Haftungen für den deutschen Steuerzahler sofort schlagend. Das wäre Merkels sicheres Ende. Die Kanzlerin gibt in der Eurogruppe den Ton an. Schon ließ sie verlautbaren „Die Schulden in Griechenland sind kein Problem"; das heißt: weiterzahlen!

– Auch die USA wollen, dass Griechenland in der Euro-Zone verbleibt. Angeblich um Turbulenzen auf Finanzmärkten zu verhindern. In Wahrheit geht es um die Sicherung der Südost-Flanke der NATO. Die USA fürchten, dass Griechenland im Falle eines Grexit aus dem transatlantischen Militärbündnis herausbrechen und sich in die Arme des neuen alten Erzfeindes Russland begeben könnte. Und das gilt es aus US-Sicht zu verhindern: Koste es – die EU-Steuerzahler – was es wolle.

– Brüssel will nach dem Brexit keinen Grexit. Das wäre das Ende der „Ära Juncker". Die EU-Bürger sollen da lieber noch einmal haften; die Banken sind längst fein raus.

Dabei beweist eine Studie der renommierten Oxford Universität, dass die griechische Wirtschaft nach Euro-Austritt, Wiedereinführung der Drachme und Abwertung in nur 1–2 Jahren wieder wachsen würde!

Die Rettungsfarce erinnert an die Sage vom Untergang Trojas: Gegen alle Ratschläge, Beschwörungen und Prophezeiungen zog man das hölzerne griechische Pferd in die sichere Stadt.

ERSCHIENEN AM 12. 3. 2017

DIE VÖLKERWANDERUNG

„Es werden viel, viel größere Ströme kommen", erklärt nun auch der Chef des Deutschland-Büros der internationalen Menschenrechtsorganisation Human Rights Watch. Wenn Europa jetzt nicht handelt, ist es verloren.

Afrika hat etwa eine Milliarde Einwohner. 25 % von ihnen wollen schon heute nach Europa. Laut UN-Schätzung werden im Jahr 2050 sogar zwei Milliarden überwiegend junge Afrikaner rund 690 Millionen alternden Europäern gegenüberstehen. 8 Millionen Afghanen sind reisefertig, mehrere Hunderttausend Libyer warten in Häfen auf die Überfahrt und Zigmillionen Menschen im Nahen Osten sitzen auf gepackten Koffern. Alle mit dem Ziel „nördliches Europa".

Auch wenn uns staatliche Medien immer wieder irreführende Bilder von syrischen Kriegsflüchtlingen und schwangeren Frauen zeigen: Es bricht gerade eine gewaltige Völkerwanderung über uns herein.

Von den 230 Millionen Flüchtlingen weltweit sind nur 10 % Asylberechtigte nach der Genfer Konvention. Und wie der Chef des Deutschland-Büros von Human Rights Watch, Wenzel Michalski, im Interview sagte: „Es werden viel, viel größere Ströme kommen."

Europa kann nicht jeden, der auf der Suche nach einem neuen Leben ist, aufnehmen. Die EU, speziell Zielländer wie Österreich, Deutschland und Schweden sind auf diesen Exodus biblischen Ausmaßes nicht vorbereitet. Denn die großflächige illegale Massenzuwanderung von Wirtschaftsflüchtlingen findet unter Missbrauch des Asylrechtes statt: Die Leute wissen, dass jeder, der es mit oder ohne Schlepper nach Österreich schafft, nur einen Asylantrag zu stellen braucht, um volle Grundversorgung samt Zuschüssen und Krankenversicherung zu erhalten. Wer seinen Reisepass wegwirft und den österreichischen Behörden eine falsche Identität angibt, kann nie mehr abgeschoben werden. Selbst Schwerkriminelle wie Mörder, Kinderschänder, Vergewaltiger und Drogenhändler können nicht abgeschoben werden, wenn ihnen im Heimatland erniedrigende Behandlung droht.

Wer kennt nicht die Medienberichte über die Massenvergewaltigung einer 29-Jährigen durch Iraker, 22 Tschetschenen mit Maschinenpistole auf dem Weg zum Bandenkrieg oder den 14-jährigen Afghanen, der 140 Straftaten verübte, darunter 22 Raubüberfälle. Sie alle können im Fall strafgerichtlicher Verurteilung nicht oder kaum abgeschoben werden. Selbst wenn man ihnen den Flüchtlingsstatus aberkennt, dürfen sie in Österreich bleiben und erhalten etwa in Wien weiter volle Sozialleistung. Dazu kommen Länder wie Marokko und Algerien, die ihre illegal in die EU eingereisten Staatsangehörigen einfach nicht zurücknehmen.

Menschrechtskonvention, EU-Grundrechte-Charta, Asylrecht und Sozialrecht: Diese Gesetze wurden einst zum Schutz einzelner, konkret verfolgter Nachbarn gebaut. Zur Abwehr einer Völkerwanderung sind sie nicht geeignet. Wir brauchen neue, zeitgemäße Gesetze, wie:

– Sicherung der Außengrenzen samt Auffanglager außerhalb der EU.

– Kontrolle der Staatsgrenzen: Wer nach Österreich über einen sicheren Drittstaat eingereist ist, ist dorthin zurückzuschicken.
– Statt Geld für Asylwerber: Sachleistungen (Essen, Bett, Versorgung im Notfall).
– Abschiebung Nicht-Asylberechtigter und krimineller Asylanten – falls nötig auf von der UNO geschützte Inseln (Australisches Modell).

„Die offene Tür", so Paul Collier, liberaler Migrationsexperte der Oxford Universität, „ist keine Option."

ERSCHIENEN AM 19. 3. 2017

DER BÄRENDIENST

Was passiert, wenn man auf das Sprachdiktat der Gutmenschen zu stark Rücksicht nimmt, musste nun Minister Kurz unfreiwillig erfahren: Mitarbeiter seines Ministeriums kleideten das neue Integrationsgesetz in allzu politisch-korrekte Worte. Der Verfassungsdienst verriss das Werk.

Die politische Botschaft war eigentlich klar: Das Tragen der Burka im öffentlichen Raum soll verboten sein. Die Burka – das ist das Zeichen der Unterdrückung der Frau. Es ist ein Symbol des politischen Islamismus und mit unseren Wertvorstellungen nicht vereinbar. Asylwerber sollen verpflichtet sein, die deutsche Sprache zu erlernen, Integrationskurse zu besuchen und sich an unsere fundamentalen Werte zu halten. Wer das nicht will, hat in Zukunft mit Konsequenzen zu rechnen.

Nach den Ereignissen der letzten Monate erscheint all das vernünftig. Unsere Gesellschaft muss jetzt Flagge zeigen. Deutlich und unmissverständlich. Minister Kurz stand und steht dafür.

Was dann aber Juristen des Integrationsministeriums aus dieser Botschaft machten, verkehrte sich geradewegs zu blankem Unsinn! Um nur ja nirgends anzuecken und keine öffentliche Kritik wegen Diskriminierung aufkommen zu lassen, gossen sie die Forderungen des Ministers in politisch-korrektes Gutmensch-Blabla und lieferten dem Verfassungsdienst einen völlig verballhornten Entwurf zum Integrationsgesetz. Dementsprechend unbrauchbar ist der Inhalt:

– Beim Verbot der Vollverschleierung im öffentlichen Raum wollte man unbedingt Worte wie „Burka" oder „Muslime" vermeiden. Stattdessen spricht man kryptisch von „Anti-Gesichtsverhüllung" (doch das trifft die Falschen, weshalb man nun zahlreiche Sondergesetze für Ärzte mit OP-Masken, Träger von Schihauben, vermummte Cobra-Polizisten und Faschingsnarren braucht).

– Von „Integrationspflicht" ist nun keine Rede mehr, sondern nur noch von der „Einforderung, aktiv am Integrationsprozess teilzunehmen". (Was auch immer das bedeuten soll. Vermutlich nichts).

– Ganz neu! Jeder Asylberechtigte soll künftig mit der Behörde einen „Integrations-Vertrag" abschließen (den wird man in den meisten Fällen wegen fehlender Deutschkenntnisse von einem gerichtlich beeideten Dolmetscher übersetzen lassen müssen. Und was, wenn der Vertrag nicht eingehalten wird? Klagt die Behörde den Asylwerber dann vor dem „heiteren Bezirksgericht" auf Vertragserfüllung?).

– Asylwerber sollen nur zur Teilnahme von „zumutbaren Kursmaßnahmen" verpflichtet sein. (Was bitte ist einem Asylwerber zumutbar oder unzumutbar? Muss er mit verfeindeten Religionsgruppen nicht im selben Raum sitzen? Darf er der Kursleiterin aus religiösen Gründen den Handschlag verweigern?)

– Neu ist auch, dass das Integrationsgesetz nun den aktiven Beitrag „jeder einzelnen Person in Österreich" voraus-

setzt (womit plötzlich auch alle Österreicher zur Integration in Österreich verpflichtet sind!).

Der Verfassungsdienst hat den Gesetzesentwurf zum Integrationspaket verrissen. Der Verriss samt Gesetzesvorlage geht nun ins Parlament.

Wie sagte Tucholsky: „Das Gegenteil von gut ist gut gemeint." Ein Bärendienst eben.

ERSCHIENEN AM 26. 3. 2017

DER PLAN B

Das Geld wird immer weniger wert. Immer mehr Menschen in Österreich kommen kaum noch über die Runden. Man hatte uns versprochen, der Euro würde so hart wie der Schilling werden. Doch stattdessen entwickelte er sich zum Nachfolger der italienischen Lira. Die Eurozone muss reformiert werden – bevor es zum Crash kommt!

Österreichischen Pensionisten droht die Altersarmut, Alleinverdiener können ihre Familien kaum noch erhalten und an den Aufbau eines bescheidenen Vermögens brauchen Beamte oder Arbeitnehmer erst gar nicht zu denken: Der Euro wird immer weniger wert.

Die dreiste Polit-Propaganda bei Einführung der Gemeinschaftswährung ist noch allzu gut im Gedächtnis. Der Euro würde so hart werden wie der Schilling, hieß es. Doch das Gegenteil ist der Fall: Der Euro ist der Nachfolger der italienischen Lira! Überhaupt gleicht die gesamte Eurozone heute einem gigantischen Italien: Schwache Währung, kein Wachstum, steigende Preise, sinkende Wettbewerbsfähigkeit und politische Instabilität.

„Scheitert der Euro, dann scheitert Europa", so lautete die zerstörerische Politik von Frau Merkel. Gemeinsam mit Brüsseler Bürokraten trieb sie die Verwandlung der Eurozone in eine monströse Schuldenunion voran, in der plötzlich jeder Staat für die Schulden des anderen haftet. Es kam zu fragwürdigen Bankenrettungen, Schuldenerlässen und

ESM-Rettungsschirm. Die Europäische Zentralbank kauft zur Eurorettung seit März 2015 zeitlich unbegrenzt um 80 Milliarden Euro pro Monat faule Kredite und Schrottpapiere von Krisenländern. Dieser geldpolitische Wahnsinn ist nichts anderes als die gigantische Umverteilung unseres Volksvermögens hin zu Pleitebanken, Schuldenstaaten, fremden Gläubigern und Spekulanten. Und all das bedeutet vor allem eines: Inflation! Deshalb wird unser Geld immer weniger wert.

Griechenland, Spanien, Portugal und Italien haben die schlechtesten volkswirtschaftlichen Daten, seit es Aufzeichnungen gibt. Doch dank der Schuldenunion können sich diese Krisenländer auf den Kapitalmärkten mit immer neuen Schulden finanzieren. Kein Wunder – weil wir für sie haften. Und wir müssen den Krisenländern sogar noch „Danke" dafür sagen, dass sie in der Euro-Zone bleiben. Denn sobald ein Pleitestaat aus dem Euro ausscheidet, werden unsere Haftungen sofort schlagend. Das führt im äußersten Fall zur Staatspleite Österreichs!

Nein, Frau Merkel! Ihre Politik ist falsch. Die Wahrheit lautet: „Wenn Europa scheitert, dann wegen des Euro!"

Wir brauchen einen „Plan B", sonst kommt es zum Crash. Das bedeutet:

- Abhaltung einer Schuldenkonferenz wie nach dem 2. Weltkrieg.
- Kein Staat haftet für die Schulden eines anderen Staates.
- Euro: Aus- und Wiedereintrittsoptionen für Krisenländer.
- Entmachtung der Europäischen Zentralbank.
- Statt Schulden: Reformen.

Bis das umgesetzt ist, sollte sich Österreich ein Beispiel an den Briten nehmen. Die dachten schon in der Vergangenheit nicht daran, für Spekulanten, Pleitestaaten und fremde Banken zu haften. Denn Geld für die Schuldenunion sei „for the birds", wie der britische Außenminister in Richtung Brüssel sagte. Übersetzt bedeutet das: „Dass wir zahlen, können Sie vergessen!"

ERSCHIENEN AM 2. 4. 2017

„AN IHREN TATEN SOLLT IHR SIE MESSEN!"

Ausgerechnet Angela Merkel will nun mit scharfen Tönen gegen Flüchtlinge im Bundestagswahlkampf 2017 punkten. In Österreich kopiert Kanzlerkandidat Kurz wöchentlich FPÖ-Forderungen und kritisiert das, was er selbst zuvor in der Regierung mitbeschlossen hat. Überall dasselbe Phänomen: Man verkauft uns für blöd.

Laut Bericht des Nachrichtenmagazins „Der Spiegel" will ausgerechnet Angela Merkel mit einer harten Linie gegen Flüchtlinge die Bundestagswahl 2017 gewinnen. „Wir wollen alles tun, dass die Zahl der Flüchtlinge dauerhaft niedrig bleibt" – das ist kein Zitat Marine Le Pens. Der Satz entstammt dem neuen Wahlkampf-Strategiepapier der CDU. Der Partei von Frau Merkel, die mit ihrer radikalen Grenzöffnung und „Willkommenspolitik" ganz Europa ins Chaos gestürzt hat. Renommierte Verfassungsjuristen werfen der deutschen Kanzlerin in der Flüchtlingskrise fortgesetzten Rechtsbruch und Missachtung des Parlaments vor. „Was Merkel treibt, grenzt an Untreue im Amt", sagte Publizist Henryk Broder. Der britische „Express" titelte sogar noch in Februar: „Haben die denn gar nichts gelernt? Merkel-Regierung hofft, weitere zwölf Millionen Migranten ins Land holen zu können!" Nun – vor der Wahl – will die Kanzlerin die Wähler offensichtlich für dumm verkaufen, indem sie wie eine Oppositionspolitikerin all das kritisiert, was sie selbst als Regierungschefin beschlossen hat. Das nennt man „Chuzpe" oder Unverschämtheit.

In Österreich ist die Situation ähnlich. Im Herbst wird es zu vorgezogenen Neuwahlen kommen. Minister Kurz führt bereits seit vielen Wochen einen verdeckten Kanzler-Wahlkampf nach dem Motto: Jeden Tag eine neue Schlagzeile und ein gutes Foto in einem Massenblatt. Die Strategie ist einfach: Kurz kopiert populäre Forderungen der Freiheitlichen wie das Burka-Verbot und verkauft diese als seine Idee. Mit den FPÖ-Überschriften treibt er Kanzler Kern vor sich her.

Dabei hat Kurz 2015 die chaotische Flüchtlingspolitik des „Grenzbalken auf" der Regierung Faymann II mitbeschlossen. Noch vor ein paar Monaten beklagte er, wir hätten „zu wenig Willkommenskultur", lehnte ein Burka-Verbot im Parlament ab und forderte den EU-Beitritt Albaniens. Sein Integrationspaket strotzt vor politischer Korrektheit. Über Themen wie CETA, TTIP, Verwaltungsreform, Funktionärsfilz, 22 Sozialversicherungsträger oder das Förderunwesen von jährlich 18 Milliarden Euro spricht er nicht. Kein Wunder – die ÖVP will mit Kurz ja nur die Wahl gewinnen, nicht aber ihre Klientelpolitik abschaffen.

Überall dasselbe Phänomen. Man verkauft uns für blöd. Daher im Klartext:

In Österreich herrscht Stillstand. Unser Land wird nicht regiert. Es wird nur katastrophal verwaltet. Österreich hat pro Einwohner um 27 % höhere Ausgaben für die Hoheitsverwaltung als Deutschland. Das Wirtschaftswachstum ist

null. Es fehlen Reformen für den Arbeitsmarkt, im Gesundheits-, Bildungs- und Pensionsbereich. Die Abgaben- und Steuerquote von 42 % ist erdrückend. Es gibt eine halbe Million Arbeitslose. Die relative Armut nimmt zu. Die Lage der inneren Sicherheit ist erschreckend.

Wie brauchen keine Überschriftenpolitik, sondern Reformen. Sonst fahren wir gegen die Wand. Wie heißt es in der Bibel: „Nicht an ihren Worten, an ihren Taten sollt ihr sie messen."

ERSCHIENEN AM 9. 4. 2017

„JOURNALISMUS IST, ETWAS ZU VERÖFFENTLICHEN, WAS DIE MÄCHTIGEN NICHT WOLLEN"

Im Herbst gibt es vorgezogene Neuwahlen. Die Regierung verdoppelt nun die staatliche Presseförderung. Zeitungen sollen für brave Hofberichterstattung, Wohlverhalten und politisch-korrekte Inhalte belohnt werden. Bezahlen müssen das die Bürger durch Zwangsgebühren.

Das ist in anderen westlichen Ländern völlig undenkbar. Im Herbst kommt es zu vorgezogenen Neuwahlen und unsere Regierung verdoppelt noch rasch die staatliche Presseförderung; also die „Belohnung für Hofberichterstattung im Sinne der regierenden Parteien". Statt acht Millionen sollen nun 17 Millionen Euro pro Jahr vor allem an Zeitungen ausgeschüttet werden, die zwar wenig Leser, aber etwa „politisch-korrekte Inhalte" haben oder sich gegenüber dem Establishment „wohlverhalten".

So sollen Medien eine Extra-Förderung erhalten, die sich den Urteilen des „Presserates" unterwerfen. Der Presserat ist ein privater Verein, der die politische Korrektheit hochhält. Der verurteilte sogar die alternativ-linksliberale Wochenzeitung „Falter" wegen einer Illustration über die Skandalnacht von Köln: Nachdem ein Mob von 1000 Migranten und Asylanten aus nordafrikanisch-arabischem Kulturkreis Frauen vergewaltigt, sexuell genötigt und beraubt hatte, brachte der „Falter" eine Zeich-

nung, in der fünf weinende Frauen von einer großen Anzahl Männer sexuell belästigt werden. Der Presserat verurteilte dies als diskriminierend, weil der „Falter" diese
Männer „spezifisch nordafrikanisch porträtiert" habe.
(Wen hätte man zu Köln sonst abbilden sollen? Wikin-
ger?)

Extra-Förderungen soll es auch für Zeitungen geben, die
einen „sorgsamen Umgang mit sozialen Netzwerken"
haben. Damit sind die „Fake News" (Falschmeldungen)
gemeint.

Mit einem Wort: Lässt eine Zeitung im Internet Meinungen
zu, die nicht dem Mainstream entsprechen, so führt das
zum Verlust der Extra-Förderung. Die staatliche Kommis-
sion für Presseförderung entscheidet, welche Meldungen
wahr oder falsch sind. Wie ein Wahrheitsministerium. Aber
was sind eigentlich „Fake News"? Sozialminister Rudolf
Hundsdorfers Garantie: „Die Pensionen sind sicher" ist ja
ebenso falsch wie das Versprechen von Staatssekretärin
Ederer, dass beim EU-Beitritt Österreichs jede „vierköpfige
Familie um 1000 Schilling pro Jahr billiger leben könnte"
(Ederer-Tausender). „Das Verbot von Lügen wäre ein Be-
rufsverbot für Politiker", schreibt Publizist Henryk Broder
hierzu. Womit zum Thema „Fake News" eigentlich alles
gesagt ist.

Bezahlen für den Förderskandal soll übrigens der Steuerzahler. Es gibt sogar den Plan, die ab 1. Mai erhöhten
ORF-Zwangsgebühren „über Umwege" für noch mehr
staatlich subventionierte Presse zu nutzen.

Die Regierung will sich mit der Presseförderung brave
Medien erkaufen. Wenn bei einer Zeitung 30 % des Um-

satzes oder der Großteil des Gewinns aus öffentlichen Geldern stammt, kann es keine konsequent unabhängige Berichterstattung mehr geben. Da verliert der Journalismus seine wichtige Kontrollfunktion.

Oder, um es mit George Orwell zu sagen: „Journalismus ist, etwas zu veröffentlichen, was andere nicht wollen, dass es veröffentlicht wird. Alles andere ist Propaganda."

ERSCHIENEN AM 23. 4. 2017

DER FALSCHE WEG

In Afrika und dem Nahen Osten sitzen über 400 Millionen Menschen auf gepackten Koffern. Sie wollen über das Mittelmeer nach Europa einreisen. Doch statt die Außengrenzen auf See zu sichern, befördert die EU afrikanische Migranten mit „Wassertaxis" nach Italien. Den Bürgern verkauft man das als „Seenotrettung".

Vor ein paar Tagen meldete der ORF: „Mehr als 2000 Flüchtlinge vor der Küste Libyens gerettet. Schiffe der italienischen Küstenwache und privater Hilfsorganisationen haben gestern mehr als 2000 Bootsflüchtlinge im Mittelmeer gerettet."

Da drängen sich gleich mehrere Fragen auf: Die Küste Libyens ist etwa 480 Kilometer von Italien entfernt. Das libysche Festland hingegen liegt in nur etwa 20 Kilometern Entfernung. Warum werden Flüchtlinge vor Libyens Küste nicht nach Libyen gebracht? Warum wird man zur Rettung aus Seenot auf die andere Seite des Meeres, nach Italien, befördert? Und was hat die italienische Küstenwache vor der libyschen Küste zu suchen? Ist sie jetzt weltweit zuständig? Fährt sie demnächst auch in den Hafen von New York oder Tianjin, um Flüchtlinge nach Italien zu transportieren? Tatsächlich steckt hinter dem Ganzen eine irre, perfekt eingespielte „Rettungskette":

Hundertausende Armutsflüchtlinge aus Afrika reisen ins Transitland Libyen. Von dort aus wollen sie über das

Mittelmeer nach Italien. Schiffe der EU-Küstenwache „Frontex" und privater Organisationen kreuzen vor der libyschen Küste. Die Schleppermafia setzt die afrikanischen Migranten in Libyen in Schlauchboote. Kaum auf See, rufen die Schlepper bei „Frontex" an und geben „SOS". Die EU-Schiffe eilen herbei, nehmen die Bootsflüchtlinge an Bord und befördern sie in das 480 Kilometer entfernte Italien. Wie Taxiunternehmen. In Italien angekommen stellen die afrikanischen Migranten ihre Asylanträge und reisen weiter in den Norden der EU.

2016 wurden 280.000 Migranten von EU-Schiffen nach Italien übergesetzt – nicht von Schleppern. Nur vier Flüchtlingsboote schafften es von sich aus nach Europa. Den Bürgern verkauft man diesen Wahnsinn als „Rettung im Mittelmeer". In Wahrheit ist es ein Milliardengeschäft der Islamisten, Schlepperbanden und Asyl-Lobby.

Menschen vor dem Ertrinken zu retten, ist für eine humane Gesellschaft selbstverständlich. Taxiunternehmen für die Schleppermafia zu spielen, hingegen nicht.

Nichts wäre einfacher und richtiger, als das „Australische Modell" umzusetzen: also die Geretteten sofort wieder aufs Festland zurückzubringen und die Boote der Schlepper zu zerstören. Australien hat es mit dieser Methode geschafft, dass sich keine Schlepperboote mehr auf den Weg machen und somit auch keine Menschen mehr ertrinken.

Über 400 Millionen Afrikaner und Araber wollen nach Europa. Ihre Wunschziele sind Deutschland, Schweden und Österreich. Allein letzten Samstag beförderten EU-Schiffe 8500 Bootsflüchtlinge nach Italien. Lauf Finanzministerium beträgt die jährliche Nettobelastung für unseren Staat pro

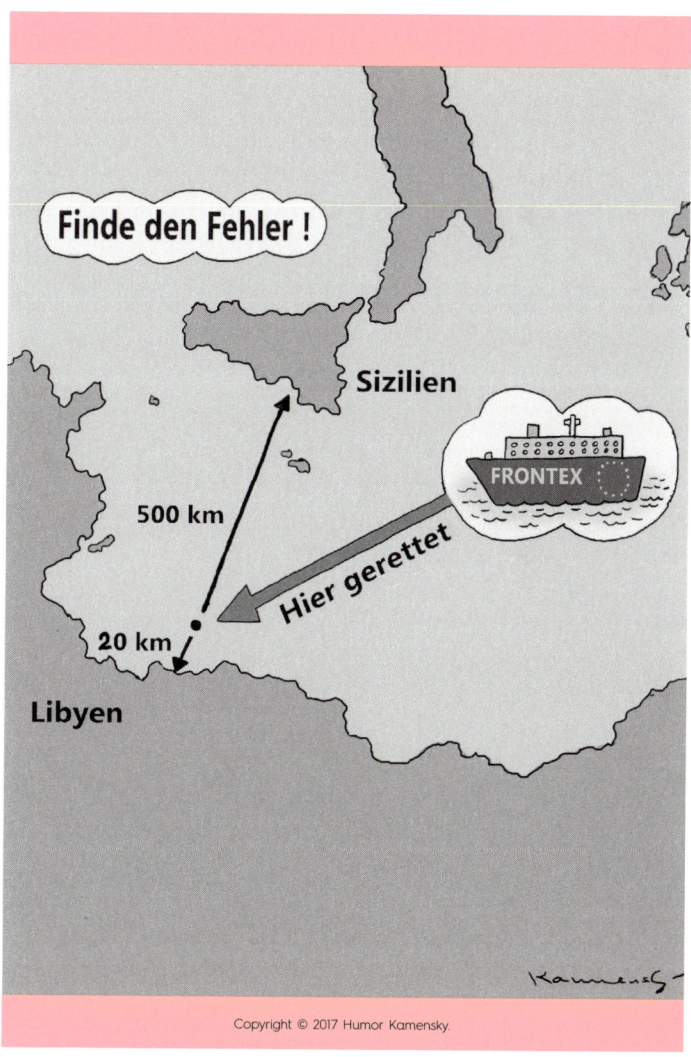

Flüchtling 16.200 Euro. Bereits die 8500 würden den österreichischen Steuerzahler über 137 Millionen Euro jährlich kosten. Das ist unfinanzierbar.

Der ehemalige Präsident Frankreichs Nicolas Sarkozy brachte Europas Torheit auf den Punkt: „Die EU handelt wie ein Installateur, der das Wasser bei einem Rohrbruch in der Wohnung verteilt, anstatt den Schaden zu beheben."

ERSCHIENEN AM 30. 4. 2017

DER PARTEIENFILZ

„Ich kann nicht einfach zuschauen, wenn Geld vergeudet wird", „Lösungen sind nahezu unmöglich" – „Es fehlt der politische Wille, das System zu ändern". Die Chefin von 22 Sozialversicherungsträgern Ulrike Rabmer-Koller trat nach nur einem Jahr zurück. Treffender konnte sie den widerlichen Parteienfilz nicht charakterisieren.

Im Klartext: In Österreich existieren 22 Sozialversicherungsträger. Sie haben mehr als 28.000 Bedienstete. Die Personalausgaben belaufen sich auf Milliardenhöhe. Stellenausschreibungen und Stellenbesetzungen erfolgen rein willkürlich nach Parteipolitik. Die Verwaltungskosten sind hoch. Es gibt keinen Wettbewerb. Der Steuerzahler muss Milliarden zuschießen. Das Vermögen wird in Einzelfällen unzulässig und ohne Kontrolle verwaltet, wie der Rechnungshof feststellte. In den Vorständen sitzen Funktionäre der Wirtschafts- und Arbeiterkammer und Gewerkschaft. Sie denken nicht daran, dieses System zu ändern. Im Gegenteil: Erst 2008 schrieben SPÖ und ÖVP das durch und durch verfilzte Kammersystem samt Zwangsmitgliedschaft für Hunderttausende Österreicher in die Bundesverfassung – um es für alle Zeiten einzubetonieren und die Erneuerung unseres Landes für künftige Regierungen unmöglich zu machen.

Seinen Ursprung hat der widerliche Parteienfilz in der Gründung der II. Republik. Genau genommen gab es nie einen

„Staat Österreich". Es gab zwei Staaten – einen Staat der SPÖ und einen Staat der ÖVP. Das gesamte Land, seine Verwaltung und sein öffentliches Leben wurde strikt geteilt in rote und schwarze Banken, Versicherungen, Automobilclubs, Bergvereine, Senioren-, Pflege-, Personal-, und Frauenorganisationen, Kammern, Sektionen und Sportdachverbände. Noch heute werden in allen staatlichen und halbstaatlichen Bereichen – von ORF bis Nationalbank – alle Positionen bis hin zum Aufsichtsrat zwischen Rot und Schwarz aufgeteilt. Klientelinteressen werden unverschämt über das Wohl Österreichs gestellt. Parteibuchwirtschaft und Privilegienwucher sind selbst für Jungpolitiker der etablierten Parteien nichts Schändliches, sondern gehören zur Tagesordnung.

Die Menschen haben dieses System satt. Denn es reflektiert schon lange nicht mehr die Wirklichkeit in Österreich. Die Kandidaten von Rot und Schwarz erhielten bei der letzten Bundespräsidentenwahl gemeinsam nur mehr 22 % der Stimmen. In den Meinungsumfragen schaffen SPÖ und ÖVP keine parlamentarische Mehrheit mehr. Wie in Frankreich, wo letzte Woche das gesamte Polit-Establishment abgewählt wurde. Die meisten Stimmen erhielt Emmanuel Macron, der keiner etablierten Partei angehört. Auch wenn Bundeskanzler Kern den Pizzaboten spielt und Minister Kurz die Ideen der FPÖ zur Asylkrise klaut: sie sind keine österreichischen Macrons. Sie sind nicht unabhängig. Sie sind Teil des Systems, für das sie täglich in der Regierung sitzen. Sie können Österreich genau so wenig erneuern wie Frau Rabmer-Koller die 22 Sozialversicherungsträger.

Österreich braucht auch keinen rechtsextremen Front National und keine Le Pen. Unser Land braucht eine völlig neue Bewegung, die direkte Demokratie schafft, oder – wie Journalist Matthäus Kattinger schrieb – eine 2. Aufklärung. „Aber im Gegensatz zum 18. Jahrhundert müsste es statt gegen absolut regierende Monarchen und die allmächtige Kirche gegen Parteien, Kammern und allzu selbstherrliche Landesfürsten gehen."

ERSCHIENEN AM 7. 5. 2017

DIE VERARMUNG DES MITTELSTANDES

Der österreichische Mittelstand bricht dramatisch weg. In nur wenigen Jahren werden wir „südamerikanische Verhältnisse" haben: Ein paar reiche Oligarchen, keine Mittelschicht, der Großteil der Bevölkerung kann sich nichts leisten und hat keine Aufstiegschancen. Die Bildung ist schlecht und die Kriminalität hoch. Wir brauchen die Wende!

Unser Land geht systematisch den Bach runter:
Österreich ist trotz einer Steuer- und Abgabenlast von fast 50 % total verschuldet. Ein Alleinverdiener arbeitet von Jänner bis Ende Juni ausschließlich für den Staat. Für Familien ist ein bescheidener Vermögensaufbau unmöglich. Die Pensionskassen sind leer. Das System steht vor dem Kollaps. Mehr als 25 % aller Staatsausgaben werden für öffentliche Pensionsleistungen ausgegeben. Dennoch droht 1,5 Millionen Menschen in Österreich – darunter vielen Pensionisten, die 30–40 Jahre lang gearbeitet haben – Armut!
Dafür wird es in etwa 8 Jahren mehr als 1000 Superreiche und um 20 % mehr Milliardäre in Österreich geben!
Etwa 30 % aller 15-Jährigen können nicht lesen, schreiben oder rechnen. Sie wandern direkt von einem der teuersten Schulsysteme Europas – das sie nicht klüger, sondern dümmer gemacht hat – zum Arbeitsmarktservice (AMS). Dort gibt man für die „Analphabeten" mittlerweile Hun-

derte Millionen Euro pro Jahr aus. Trotz dieses gewaltigen finanziellen Aufwandes werden nur wenige dieser Jugendlichen jemals einer geregelten Arbeit nachgehen.

Zudem bricht eine Völkerwanderung über uns herein. Idiotische Gesetze begünstigen das auch noch: Jeder Mensch weltweit, der es irgendwie zu uns schafft, braucht nur einen Asylantrag zu stellen und bekommt sofort volle Grundversorgung samt Zuschüssen sowie Krankenversicherung ohne Selbstbehalt. 70–80 % der Asylanten sind auf dem Arbeitsmarkt dauerhaft nicht integrierbar. Sie werden lebenslang zu Mindestsicherungs-Beziehern mit Vollversicherung. Im Falle des Familiennachzuges wird sich ihre Zahl auf das 3–5-fache erhöhen. Das kostet auf unabsehbare Zeit Milliarden pro Jahr und ist nur durch Umverteilung zu finanzieren. Und trotzdem lässt unsere Regierung weiterhin jährlich bis zu 37.500 Asylwerber ins Land, obwohl Österreich nach internationalem Recht hierzu nicht verpflichtet ist!

Die Kriminalität hat neue Dimensionen angenommen. „Frauen sollten nachts generell in Begleitung unterwegs sein", riet Wiens Polizeipräsident. Er weiß, wovon er spricht: In Wien liefern sich Jugendbanden offen Kriege. Meldungen, wie jene von acht Irakern, die eine 28-Jährige vergewaltigten, häufen sich. Freibäder brauchen Sicherheitsleute.

Das Sagen in unserem Land haben Funktionäre und Kammern. Staatliche und staatsnahe Unternehmen – mit über 110 Milliarden Schulden – werden oft mit Günstlingen besetzt. Skandale wie Skylink, Buwog und Hypo sind jederzeit wieder möglich.

POLITIK

Wir brauchen die Wende:
- Umsetzung aller 1007 Rechnungshof-Empfehlungen
- Steuern senken – Mitarbeiter am Gewinn beteiligen – keine Schlupflöcher für Konzerne
- Mindestpensionen erhöhen – nur noch Sachleistungen für Asylanten (Essen, Bett, Notfallversorgung)
- „Giuliani-Plan": hartes Vorgehen gegen Kriminelle
- Leistungsorientierte Schulen
- Ende des Funktionärsstaates – Direkte Demokratie.

Denn eines ist klar: „Bricht der Mittelstand weg, ist es aus mit dem angenehmen Leben."

ERSCHIENEN AM 14. 5. 2017

ZIEHEN WIR DIE NOTBREMSE!

Binnen 48 Stunden wurden 6000 Migranten aus selbstverschuldeter Seenot im Mittelmeer vor Libyen gerettet und von EU-Wassertaxis nach Italien befördert. Eine Million wartet in libyschen Häfen auf die Überfahrt. 400 Millionen Afrikaner und Araber wollen rasch in die EU. Unsere Regierung ist laut Verfassung verpflichtet, die Notbremse zu ziehen!

Die EU-Grenzschutzagentur Frontex und private Hilfsorganisationen befördern seit Monaten Hunderttausende afrikanische und arabische Migranten mit Wassertaxis nach Europa. An einem Spitzentag im April wurden 8500 Bootsflüchtlinge von EU-Schiffen nach Italien übergesetzt! Zuletzt waren es 6000 binnen 48 Stunden. Die italienische Staatsanwaltschaft wirft einigen Hilfsorganisationen sogar die direkte Zusammenarbeit mit Schleppern vor. Derzeit warten eine Million Afrikaner und Araber in libyschen Häfen auf die Überfahrt in die EU. Weitere 400 Millionen wollen nachkommen.

Die Hauptlast dieser Völkerwanderung tragen nicht die Mittelmeer-Staaten Italien, Spanien und Griechenland, sondern die Länder im Norden der EU. Österreich, Deutschland und Schweden lauten die Reiseziele. Denn die Leute wissen genau: Jeder, der es nach Österreich schafft, braucht nur einen Asylantrag zu stellen und erhält sofort volle Grundversorgung, Taschengeld, Ersatz von Fahrt-, Kleidungs- und Freizeitkosten sowie Gratis-Gesundheitsversorgung ohne Selbstbehalte samt allfälligem Familiennachzug. Wer seinen Reisepass wegwirft und den österreichischen Behörden eine falsche Identität angibt, kann nie mehr abgeschoben werden. Mörder, Vergewaltiger und Drogendealer, deren Asylanträge in Österreich abgewiesen wurden, können wir nicht abschieben, wenn ihnen im Heimatland auch nur „erniedrigende Behandlung droht" (was faktisch in jedem arabischen und afrikanischen Land der Fall ist). Hinzu kommen Länder wie Tunesien, die ihre Staatsangehörigen nicht zurücknehmen. Sie verbleiben als „Geduldete" im Bundesgebiet – ob es uns passt oder nicht.

Mit einem Wort: Österreich ist im Begriff, seine Selbstbestimmung zu verlieren! Wenn ein Staat die massenhafte illegale Einreise in sein Territorium nicht mehr kontrollieren kann, dann sind Demokratie, Sicherheit und sozialer Rechtsstaat in höchster Gefahr.

Im Klartext: Eine Völkerwanderung ist im Gange. Die Außengrenzen im Mittelmeer sind offen. EU-Schiffe spielen für Schlepperorganisationen Wassertaxi. Unsere offenen Grenzen, idiotischen Asylgesetze und hohen Sozialleistungen wirken wie ein Magnet auf die Armutsmigranten der Welt. Das führt zu dem Massenansturm, der auch Resteuropa destabilisiert. Weder im Völkerrecht noch im Europarecht gibt es eine Pflicht Österreichs, allen Menschen weltweit die Einreise zu erlauben. Die Genfer Flüchtlingskonvention verbietet Flüchtlingen sogar, sich ein Zufluchtsland ihrer Wahl auszusuchen („Asyl-Shopping"). Österreichs Regierung ist laut Bundesverfassung daher verpflichtet, sofort umfassende Grenzkontrollen einzuführen!

Nichtstun (Bundeskanzler Kern) und schöne Worte ohne Taten (Außenminister Kurz) sind der falsche Weg. Wer jetzt nicht die Notbremse zieht, ist in wenigen Monaten mit den unumkehrbaren Folgen dieses Chaos konfrontiert. Oder, mit Michail Gorbatschow gesagt: „Wer zu spät kommt, den bestraft das Leben."

ERSCHIENEN AM 21. 5. 2017

DIREKTE DEMOKRATIE

Im Herbst kommt es zu Neuwahlen. Es sind keine Wahlen wie andere auch. Wir stimmen darüber ab, ob Österreich vom lebenswerten, mittelständischen Land zum „EU-Entwicklungsland" verkommt. Oder wir schaffen die Wende: Es ist Zeit für direkte Demokratie nach Schweizer Vorbild.

Österreich krankt daran, dass es nur alle fünf Jahre Demokratie gibt – nämlich am Wahltag. Dazwischen regiert die abgehobene politische Klasse, ohne dass die Bürger irgendetwas mitzureden hätten. Als österreichischer Spitzenpolitiker muss man sich nur mit billigen Versprechungen über den Wahltag retten. Hat man das geschafft, kann man ungestört fünf Jahre lang „von oben nach unten" regieren und seine Klientelinteressen unverschämt über das Wohl Österreichs stellen.

Parteien, Funktionäre und Günstlinge haben zwischen den Wahlen das Sagen. Die Bürger können nur machtlos zusehen. Das Ergebnis sieht dann so aus:

Es herrscht eiskalte Reformverweigerung und Parteienfilz. Unsere Steuer- und Abgabenlast liegt bei 50 %. Ein Alleinverdiener arbeitet die Hälfte des Jahres ausschließlich für den Staat. Dieser ist aber trotzdem mit 300 Milliarden Euro verschuldet. Die Staatsverschuldung steigt sogar weiter an. Die Pensionskassen sind leer. Das System steht vor dem Kollaps. Verwaltungsausgaben explodieren. Wir haben 22 Sozialversicherungsträger. Wir bezahlen 3 Milliarden Euro für

ungleiche Pensionssysteme der Landesbeamten. Das Förderunwesen kostet jährlich 18 Milliarden Euro. Die Wettbewerbsfähigkeit geht verloren. Die Armut nimmt zu. Die Kriminalität steigt. Unser Schulsystem ist eines der teuersten
Europas – über 30 % der 15-Jährigen können nicht lesen,
schreiben oder rechnen. Unsere Staatsgrenzen sind offen,
obwohl eine Völkerwanderung im Gange ist und uns jeder
einzelne Flüchtling bis zum Jahr 2060 etwa 277.000 Euro
kosten wird.

Dieses verfilzte Politsystem schafft sich nicht von selbst ab.
Die Verantwortlichen werden ihre Pfründe und Versor-
gungsposten nicht aufgeben. Eher geht der Mittelstand zu-
grunde und verkommt Österreich zum Entwicklungsland.

Wir schaffen die Wende nur mit direkter Demokratie nach
Schweizer Vorbild. Denn in der Schweiz haben die Bürger
die Macht. Sie sind die Chefs und können den Politikern –
jederzeit – die Rote Karte zeigen:

Wenn nur 0,5–1 % der Schweizer es verlangen, dann muss
über jedes neue Gesetz, jeden Staatsvertrag und jede Gese-
zesinitiative eines Bürgers eine Volksabstimmung abgehalten werden. Das Ergebnis ist bindend. Die Regierung muss
den Willen des Volkes „ohne Wenn und Aber" umsetzen.
Ob es den Funktionären passt, oder nicht.

Österreich stünde heute anders da, wenn wir über offene
Grenzen, Asyl-Politik, TTIP, Steuerlast, Verwaltungsreform,
Registrierkassen und harte Strafen für Vergewaltiger abstimmen könnten. In einer direkten Demokratie ist es auch
egal, ob Rote, Schwarze, Blaue oder Grüne in der Regierung
sitzen. Denn die Pläne der Obrigkeit können immer am

Volkswillen scheitern. Die Bürger könnten Skandalprojekte wie die Verbauung der Wiener Karlskirche stoppen.

Direkte Demokratie und dazu ein Gesetz, dass für Politiker nach zwei Funktionsperioden Schluss sein muss. Das wäre die Wende – oder, frei nach Kurt Felix: Österreich hätte dann nicht mehr „glückliche Politiker und ein unglückliches Volk", sondern – wie die Schweiz – „ein glückliches Volk und unglückliche Politiker."

ERSCHIENEN AM 28. 5. 2017

DER EUGH MUSS GESTOPPT WERDEN! – TEIL 2

Der EuGH gefährdet Europa. Durch politische Urteile zerstört er systematisch die Rechte der EU-Mitgliedsstaaten. Die Richter des EuGH behaupten nun: Österreich hätte keine Mitsprache bei CETA und TTIP – die EU könne Freihandelsabkommen ohne Einverständnis der Mitgliedsstaaten abschließen.

Prof. Roman Herzog – ehemaliger deutscher Bundespräsident und Verfassungsrichter – brachte es auf den Punkt: „Der EuGH entzieht mit immer erstaunlicheren Begründungen den Mitgliedstaaten ureigene Kompetenzen und greift massiv in ihre Rechtsordnungen ein. Er ignoriert bewusst und systematisch die abendländische richterliche Rechtsauslegung, übergeht den Willen des Gesetzgebers oder verkehrt ihn gar ins Gegenteil und erfindet Rechtsgrundsätze. Der EuGH muss gestoppt werden".
Und tatsächlich – die Liste der Anmaßungen ist lange. Hier einige Beispiele:
– 2006 erkannte der EuGH einem völlig zu Recht abgewiesenen Tunesier grundlos das dauerhafte Aufenthaltsrecht in Europa zu, obwohl dies nach dem Europa-Mittelmeer-Abkommen zwischen Tunesien und der EU ausdrücklich verboten ist. Das Urteil hat bis heute Folgewirkung. Das Europa-Mittelmeer-Abkommen ist zerstört und die ursprüngliche Absicht der Vertragspartner ins

genaue Gegenteil verkehrt (Bleiberecht statt Rückkehrpflicht).

– 2015 genehmigte der EuGH, dass demokratisch nicht gewählte Banker der Europäischen Zentralbank – zeitlich unbegrenzt – um Zigmilliarden Euro pro Monat faule Kredite und Schrottpapiere von Krisenländern kaufen dürfen. Das ist die illegale Finanzierung von Pleitestaaten und Banken mit Unsummen unseres Steuergeldes. Die EU wurde damit zur Schuldenunion, obwohl laut Gründungsverträgen kein Mitgliedsstaat für die Schulden eines anderen haften darf.

– Vor drei Monaten wollte der EuGH jedem Menschen auf der Welt – dem scheinbar erniedrigende Behandlung droht – ein Visum für ein „Wunsch-EU-Land" seiner Wahl ausstellen. Diese ungeheuerliche Rechtswidrigkeit konnte hinter den Kulissen gerade noch verhindert werden. Europa wäre wohl von Hunderten Millionen Menschen überrannt worden.

– Und nun kam es zur neuesten Anmaßung der Luxemburger Richter: Der EuGH behauptet in einem Gutachten, dass EU-Länder – wie Österreich – keine Mitsprache bei CETA und TTIP hätten. Die EU könne Freihandelsabkommen ohne Einverständnis der Mitgliedsstaaten abschließen!

Der EuGH behauptet im Ergebnis also folgendes: Großkonzerne erhalten ungehinderten Zugriff auf unsere Wasser- und Energieversorgung, Rohstoffe, Landwirtschaft, unser Finanz-, Sozial-, Gesundheits- und Bildungswesen – aber Österreich hat keine Mitsprache! Investoren fordern von unserem Land Entschädigungszahlungen in Milliarden-

höhe, weil sie bei uns weder Chlorhühner noch Hormonfleisch verkaufen dürfen und auch nicht zu Billigstlöhnen produzieren können – aber Österreich hat keine Mitsprache!

Mit einem Wort: Das ist das Ende unserer demokratischen Selbstbestimmung.

Sollte die EU-Kommission CETA und TTIP tatsächlich ohne Zustimmung Österreichs unterschreiben, dann muss der österreichische Verfassungsgerichtshof beide Freihandelsabkommen für rechtswidrig und nicht anwendbar erklären. Auch unsere Bundesregierung muss diese Linie in Brüssel vertreten. Sonst schafft sich Österreich selbst ab!

ERSCHIENEN AM 4. 6. 2017

„EIN EINMALIGER VORFALL"

Ein Asylwerber vergewaltigte einen 10-jährigen Buben brutal im Hallenbad. Der Oberste Gerichtshof senkte die Strafe von sieben auf nur vier Jahre. Die Begründung: „Man dürfe hier nicht das Augenmaß verlieren" – es sei bloß bei einem „einmaligen Vorfall" geblieben. Das Gegenteil stimmt. Die Strafe hätte nicht hart genug sein können!

Der Fall erregte großes Medienaufsehen: Ein Iraker war im September 2015 über die Balkanroute illegal nach Österreich eingereist und stellte einen Asylantrag. Drei Monate später vergewaltigte er in der Umkleidekabine eines Hallenbades einen 10-jährigen Buben. Nach Vollendung der Tat ergriff der Täter nicht einmal die Flucht. Nein – er ging zurück zum Schwimmbecken und genoss „danach" entspannt den Tag im Hallenbad. Die Polizei verhaftete den Täter, als er gerade vom Dreimeterbrett springen wollte. In seiner Einvernahme rechtfertigte der Vergewaltiger sein Verbrechen damit, dass er „vier Monate keinen Sex gehabt habe". Der missbrauchte Bub – er entstammt einer Zuwandererfamilie – musste wegen seiner schweren Verletzungen im AKH behandelt werden. Er ist traumatisiert. Seine Großmutter erlitt wegen des Vorfalls einen Herzinfarkt.

Das Erstgericht verhängte über den Täter eine Freiheitsstrafe von sieben Jahren. Bis zu 15 Jahre Haft wären möglich gewesen. Nun reduzierte der Oberste Gerichtshof die Strafe für den Vergewaltiger von sieben auf nur vier Jahre! Die Begründung der Höchstrichter ist abenteuerlich und lautet: „Man dürfe hier nicht das Augenmaß verlieren" – es sei bloß bei einem „einmaligen Vorfall" geblieben.

Das Augenmaß hat möglicherweise einer verloren: der Oberste Gerichtshof. Denn der Täter ist bei guter Prognose nach 2 bis 3 Jahren wieder frei!

Und ja, verehrte Höchstrichter! Es handelt sich tatsächlich um einen „einmaligen Vorfall". Und zwar für den 10-jährigen Buben, dessen Leben zerstört ist!

Was, wenn der Täter nicht gefasst worden wäre und wieder „vier Monate keinen Sex gehabt" hätte? Dann wäre es vielleicht zu noch einem „einmaligen Vorfall" gekommen? Das wäre ein „zweimaliger einmaliger Vorfall" gewesen.

Es häufen sich „einmalige Vorfälle", wie dieser. Unsere Strafen haben zu wenig Abschreckungswirkung. Es ist eine unglaubliche Verrohung gerade im Zusammenhang mit der Asylwerberkriminalität zu beobachten: Etwa die Vergewaltigung einer 72-Jährigen. Der Täter nahm stolz die Unterhose des Opfers als „Trophäe" mit. Oder das 15-jährige Mädchen, das in Tulln vor ihrem Elternhaus mehrfach vergewaltigt wurde. Oder die Mutter mit Kinderwagen, die der Täter vor ihren Kindern sexuell missbrauchen wollte. Oder Sex-Attacken eines Mannes auf 14 Frauen in zwei Monaten.

Die Opfer haben das Recht, dass die Täter hart bestraft werden! Hier die Maßnahmen:
- Die Strafen für Sexualverbrechen müssen drastisch erhöht werden. Und zwar so, dass es kein mildes Urteil

mehr geben kann. Es ist stets langjährige – verschärfte – Haft zu verhängen.

– Bei kriminellen Asylwerbern ist mit dem Verlust des Asylstatus, Abschiebungen und lebenslangen Einreiseverboten vorzugehen. Nötigenfalls sind Kriminelle auf von der UNO geschützte Inseln außerhalb Europas zu bringen. Bei Wiedereinreise droht Haft.

– Die Täter müssen während der Haft arbeiten. Jeder Cent, den sie verdienen, geht an die Opfer ihrer Verbrechen.

Denn: „Besondere Zeiten erfordern besondere Maßnahmen."

ERSCHIENEN AM 11. 6. 2017

DER WAHRE SKANDAL

Tagelang herrschte über den Ausstieg der USA aus dem Pariser Klimaschutzabkommen größte Aufregung. Politiker und Journalisten überschlugen sich in ihrer Empörung über US-Präsident Trump. Dabei gibt hier nur einen Skandal: und der heißt nicht Trump, sondern Pariser Klimaschutzabkommen. Das Abkommen ist ein tragisch-komischer Witz!

Die Bilder der Pariser Klimakonferenz sind unvergesslich und gingen um die Welt: Berufspolitiker aus 200 Ländern fielen einander um den Hals, weinten, schrien, machten hysterisch Selfies oder beglückwünschten sich vor laufenden Kameras. Umweltsünder wie China, Indien oder Polen mit ihren Hunderten Kohlekraftwerken präsentierten sich als Klimaretter und US-Präsident Obama twitterte damals: „Das ist riesig".

Was war geschehen?

Im Grunde genommen nichts. Die Teilnehmer an der Pariser Klimakonferenz hatten sich nach tagelangen Verhandlungen auf den banalen Satz geeinigt: „Die Erderwärmung soll nicht mehr als 1,5 Grad Celsius betragen". Verbindliche Regeln, Vorgaben oder Maßnahmen, damit die Erde sich nicht um mehr als 1,5 Grad erwärmt, vereinbarten sie nicht.

Sie hätten genauso gut beschließen können, dass ab heute nur noch Gutes und nichts Böses mehr auf der Welt geschehen soll. Und so sieht der Inhalt des Pariser Klimaschutzabkommens auch aus, das lautet:

167

1. Niemand ist zu irgendetwas verpflichtet.
2. Jeder kann aus dem Abkommen jederzeit wieder aussteigen.
3. Bei Vertragsverletzungen gibt es keine Strafe. Es gibt nicht einmal einen zuständigen Gerichtshof.
4. Was getan werden muss, damit sich die Erde nicht über 1,5 Grad erwärmt, wissen wir auch nicht.

Am Ende legten 163 Länder freiwillige Klimaschutzpläne mit „schöngefärbten Daten" vor. Das war eine Inszenierung für die Medien. Niemand dachte daran, sie jemals umzusetzen. Aber selbst bei Umsetzung dieser „geschönten" Klimaschutzpläne käme es immer noch zur Erwärmung des Weltklimas um 3 Grad!

Mit einem Wort: Das Pariser Klimaschutzabkommen ist ein Witz. Ein Etikettenschwindel. Das Beste an dem Abkommen ist sein irreführender Name: „Klimaschutzabkommen". Es täuscht etwas vor, was es in Wahrheit gar nicht gibt.

Und aus diesem „Pariser Nicht-Klimaschutzabkommen" sind die USA nun ausgestiegen, was die scheinheilige Empörung der politischen Welt auslöste. Von Macron bis Merkel hagelte es harsche Kritik an Trump. Worte wie „beschämend" und „falscher Weg" waren noch das Harmloseste. Fast alle Journalisten ließen sich auf die falsche Fährte locken: nämlich auf Trump einzuprügeln.

Nun kann man den US-Präsidenten mögen oder nicht. Aber „das Beschämende" hier ist nicht der Ausstieg von Trump. Der wahre Skandal ist das Pariser Klimaschutzabkommen – das das Papier nicht wert ist, auf dem es gedruckt wurde.

DAS PARISER KLIMAPAPIER

Im Klartext: Flut- und Hochwasserkatastrophen, Flächen-
brände, Wirbelstürme, Hitzewellen, Dürreperioden, Was-
sermangel, verdorrte Ernten, Abschmelzen der Pole und
Ansteigen der Meeresspiegel. Es bleibt nur noch sehr wenig
Zeit. Wir brauchen rasch ein Klimaschutzabkommen, das
seinen Namen verdient.

Die Einigung mit Donald Trump wäre dann nicht schwie-
rig. Er ist amerikanischer Geschäftsmann. Wer mit ihm
einen Klimavertrag abschließen will, muss in seiner Sprache
sprechen. Etwa mit den Worten des früheren US-Vize-
präsidenten Al Gore: „Donald, wenn wir keinen Planeten
mehr haben, geht es der Wirtschaft nicht gut."

ERSCHIENEN AM 18. 6. 2017

DAS GEBOT DER STUNDE

Brüssel, Nizza, Berlin, Paris, London, Stockholm, Manchester und wieder London. Das sind die Anschlagsorte des islamistischen Terrors nur der letzten 12 Monate. Dümmliche Twitter-Botschaften von Politikern wie „Wir sind London" helfen niemanden. Das ist ein Krieg. Der Rechtsstaat muss zurückschlagen. Mit gnadenloser Härte.

Es gibt Nachrichten, die wir niemals als neue Normalität akzeptieren dürfen: etwa, dass Kinder, die ein Pop-Konzert besuchen, durch eine mit Nägeln, Schrauben und Bolzen gefüllte Bombe eines Selbstmordattentäters zerfetzt werden (Manchester). Oder ein LKW in eine Menschenmenge rast (Nizza, Berlin, London), islamistische Terroristen sich am Flughafen in die Luft sprengen (Brüssel) oder mit Macheten wahllos auf Menschen einstechen (Paris, London).
Die Twitter-Botschaften der europäischen Spitzenpolitiker sind nach jedem Anschlag dieselben: „Wir sind Paris, London oder Manchester" und „Wir denken in diesen Stunden in Anteilnahme und Solidarität an die Opfer." Das klingt wie nach einem Erdbeben oder Zugunglück. Der deutsche SPD-Kanzlerkandidat und bis vor kurzem EU-Parlamentspräsident Martin Schulz sagte dies sogar im Fernsehen: „Der Terror gehört zu den Lebensrisiken des 21. Jahrhunderts."
Nein, Herr Schulz! So einfach ist das nicht. Der islamistische Terror gehört nicht zu unserem Lebensrisiko wie ein

Autounfall. Die politische Elite trägt einen Großteil der Verantwortung für diesen Horror. Und sie weigert sich bis heute, etwas zu ändern.

Im Klartext: Der radikale Islamismus ist nicht Teil unseres Lebens. Politiker, die nicht verhindern, dass die Bürger immer und überall von islamistischen Terroristen abgeschlachtet werden können, haben versagt und sind überflüssig. Das ist ein Krieg. Der Rechtsstaat braucht taugliche Mittel, um ihn zu führen und zu gewinnen. Hier Anti-Terror-Gesetze zur Umsetzung für Österreichs Regierung:

- Vergleichbar mit dem NS-Verbotsgesetz muss ein Verbotsgesetz gegen radikalen Islamismus erlassen werden. Mit langjähriger bis lebenslanger Haft ist zu bestrafen: wer radikal-islamistische Organisationen gründet, sich an ihnen beteiligt, Mitglieder anwirbt, finanziert, fördert oder deren Ziele verherrlicht.
- Der bloße Zugriff auf einschlägige Internetseiten ist bereits strafbar.
- Hassprediger und Gefährder – also Personen, denen die Polizei Anschläge zutraut – sind in Haft zu nehmen und abzuschieben; nötigenfalls auf Inseln außerhalb Europas. Es gelten lebenslange Einreiseverbote.
- Jene 51 Moscheen und Gebetsräume, die von Radikalen geführten werden, sind auf Straftaten im Sinne des Verbotsgesetzes zu überwachen; ebenso Religionsunterricht und Kindergärten.
- Die Staatsgrenzen müssen kontrolliert werden. Jeder, der illegal über einen sicheren Drittstaat nach Österreich einreist, ist mit Fingerabdruck zu registrieren und dorthin zurückzubringen.

– Keine Vergabe von Staatsbürgerschaften an Personen, die Juden hassen, mit der Scharia oder dem Krieg gegen Ungläubige sympathisieren.

In Anlehnung an einen Satz von Golda Meir – Israels legendärer Ministerpräsidentin – könnte man auch sagen: „Ich kann nachvollziehen, dass radikale Islamisten uns auslöschen wollen. Aber erwarten sie wirklich, dass wir dabei mit ihnen kooperieren?"

ERSCHIENEN AM 25. 6. 2017

„AGENDA 2017"

Im Herbst gibt es Neuwahlen. Wer dann in der Regierung sitzt, ist völlig offen. Klar ist, dass es so nicht weitergehen kann. Unser Land geht sonst den Bach runter. Hier die offene Punkte-Liste für unsere noch unbekannte Regierung. Die Umsetzung oder Nichtumsetzung dieser „Agenda 2017" wird entscheiden, ob Österreich zum Traum oder Albtraum wird.

Österreich hat keine fünf Jahre mehr: Entweder wir schaffen in der nächsten Regierungsperiode die Kehrtwende, oder unser Land wird schon bald nicht mehr wiederzuerkennen sein. Man muss nur die heutige Situation mit der vor ein paar Jahren vergleichen:
Vor kurzem wäre es noch undenkbar gewesen, dass Wiens Polizeipräsident rät, „Frauen sollten nachts generell in Begleitung unterwegs sein". Heute gehören Schlagzeilen über brutale Vergewaltigungen zum Alltag. Es ist zur Normalität geworden, dass Schwimmbäder Sicherheitsdienste und Weihnachtsmärkte schwerbewaffnete Polizisten mit Betonsperren benötigen. Es ist bereits „normal", dass jährlich Zigtausende arabische und afrikanische Migranten illegal Österreichs Grenze übertreten und wir sogar Schwerverbrecher nicht abschieben können, wenn ihnen im Herkunftsland „erniedrigende Behandlung droht". Islamistischer Terror überzieht nun regelmäßig Europas Metropolen. Aber diese Anschläge beschäftigen die Öffentlichkeit

nur noch kurz. Die Meldungen halten sich kaum einen Tag. Wir diskutieren über ein Verbot der Vollverschleierung. Vor ein paar Monaten wusste ein Großteil der Menschen nicht, was eine Burka überhaupt ist. Wir akzeptieren widerspruchslos das vierte milliardenschwere Griechenland-Rettungspaket – also, die wiederholte Umverteilung unseres Volksvermögens hin zu Pleitestaaten und Banken. Wir haben uns daran gewöhnt, dass der Mittelstand stirbt. An Vermögensaufbau denkt ein Normalverdiener nicht mehr. Österreichs Steuer- und Abgabenlast liegt bei über 50 %. Und trotzdem nehmen wir in Kauf, dass unsere Pensionen nicht gesichert sind. 30 % der 15-Jährigen können nicht lesen, schreiben oder rechnen. Das ist wie im Mittelalter. Doch darüber spricht die Bildungsministerin nicht einmal. Es ist eben „normal". Einen Aufschrei wie nach dem ersten PISA-Desaster gibt es nicht mehr.

Zu viele Bürger haben sich an die schleichende Verschlechterung ihrer Lebensumstände gewöhnt. Kanzlerin Merkel behauptet sogar, diese Zustände wären „alternativlos".

Wieso? Diese Ereignisse sind keine Naturkatastrophen, die über uns hereinbrechen. Wir müssen sie weder hinnehmen noch sind sie alternativlos. Diese Zustände sind Folge des Totalversagens der politischen Elite. Sie lassen sich korrigieren. Allerdings bleibt nicht mehr viel Zeit für die „Agenda 2017". Die lautet:

- Bindende Volksabstimmungen über: Asylpolitik, Verwaltungsreform, harte Strafen für Sexualverbrecher und Abschiebung Krimineller.
- Grenzsicherung.

– Verbot des radikalen Islamismus samt drakonischen Strafen bei Verstößen.
– Steuern senken, Mitarbeiter am Gewinn beteiligen, Mindestpensionen erhöhen, Konzerne besteuern, alle 1007 Rechnungshof-Empfehlungen umsetzen, Veto-Politik gegenüber Brüssel.
– Aus für die bunte Gemeinde der Kuschel-, Erlebnis- und Wohlfühl-Pädagogen.

Denn: „Für alle Generationen gilt dasselbe: wer nicht mit der Zeit geht, wird mit der Zeit gehen müssen." (Helmut Qualtinger).

ERSCHIENEN AM 2. 7. 2017

ALLE MACHT DEN BÜRGERN!

Nach dem Wahlsonntag haben die Bürger keine Mitsprache mehr. Parteien, Funktionäre und Günstlinge haben dann wieder fünf Jahre lang das Sagen. Daran krankt Österreich. Wie sagte Benjamin Franklin, einer der Gründungsväter der USA: „Gott hilft nur denen, die sich selber helfen." Deshalb muss die direkte Demokratie nach Schweizer Vorbild in unsere Verfassung!

Wie schafft man es, dass
- es 500 Jahre keinen Krieg gibt
- vier Religionen und vier Volksgruppen mit vier Sprachen und 26 Kleinstaaten zum Wohle aller existieren
- die höchsten Löhne in Europa bezahlt werden
- die Arbeitslosigkeit bei nur 3 % liegt
- die Infrastruktur perfekt ist
- die Währung zu den stärksten der Welt zählt
- die Grenzen geschützt sind
- kriminelle Asylanten ausgewiesen werden
- Minarette – islamische Machtsymbole – nicht mehr gebaut werden dürfen
- in der Verfassung eine Schuldenbremse verankert ist
- und die Universitäten besser sind als in Resteuropa?

Die Rede ist von der Schweiz und ihren acht Millionen Einwohnern – dem demokratischsten Land der Welt. Bei unseren Nachbarn herrscht direkte Demokratie. Nicht Poli-

179

tiker, Parteien und Günstlinge haben das Sagen, sondern die Bürger. Sie sind die Chefs: 50.000–100.000 Unterschriften reichen aus, dann muss über jedes neue Gesetz, jeden Staatsvertrag und jede Gesetzesinitiative eines Bürgers eine Volksabstimmung abgehalten werden. Das Ergebnis ist bindend. Die Regierung muss den Willen des Volkes umsetzen, ob es ihr passt oder nicht: Schuldenbremse, sichere Grenzen, Ausweisung krimineller Asylanten, Verbot von Minaretten, Nein zur Erbschaftssteuer und Obergrenze für Managergehälter haben die Schweizer Bürger im Wege von Volksabstimmungen durchgesetzt. Getreu dem Motto von Franklin: „Gott hilft denen, die sich selber helfen."

Die Bürger haben die Macht. Das ist für Systempolitiker, Funktionäre und Bonzen natürlich ein Albtraum. Das gilt besonders für die undemokratische EU mit ihrem Pseudo-Parlament ohne Gesetzgebungskraft und ohne echte Opposition. Als die Schweizer in einer Volksabstimmung gegen die ungezügelte Massenzuwanderung stimmten, behauptete der damalige EU-Parlamentspräsident und heutige SPD-Kanzlerkandidat Martin Schulz allen Ernstes, „die Schweiz würde westliche Werte ablehnen". Er forderte die sofortige Abschaffung der direkten Demokratie. Durch Volksentscheide „werde der Respekt vor dem EU-Parlament untergraben", so Schulz. Eine direkt-demokratische Schweiz habe „keine Chance, EU-Mitglied zu werden". (Den EU-Beitritt der Türkei befürwortet Herr Schulz übrigens. Aber dort herrscht ja bloß ein osmanischer Sultan und keine Demokratie, vor der er sich fürchten muss).

Die Wahlen im Herbst werden Österreich kaum verändern. Nur mithilfe direkter Demokratie können wir die bitter

nötige Kehrtwende schaffen und die EU von innen heraus verändern. Dafür braucht es eine Verfassungsänderung. Die Zeit ist reif für das Ende des Funktionärs-Staates. Denn: „Was morsch ist, soll brechen."

ERSCHIENEN AM 9. 7. 2017

„ZUR SELBSTZERSTÖRUNG SIND WIR NICHT VERPFLICHTET!"

Die Situation im Mittelmeer ist völlig außer Kontrolle. In Italien erreicht der Ansturm afrikanischer und arabischer Bootsflüchtlinge neue Rekorde. Sehenden Auges unternimmt die EU nichts, um die Mittelmeerroute zu schließen. Im Gegenteil. Sie spielt Wassertaxi. Unsere Regierung hat die Pflicht, Österreichs Souveränität zu schützen!

Nichts ist leichter, als eine Seegrenze zu überwachen: Drohnen, Radar, Satelliten, GPS-Peilsysteme, Schnellbote und Hubschrauber. Es wäre ein Leichtes, Schlepperboote am Auslaufen zu hindern oder sie auf See sofort abzufangen. Würde man alle Bootsflüchtlinge wieder an den Strand zurückbringen („Australisches Modell"), dann wäre das Geschäft der Schlepper zerstört. Denn kein Mensch zahlt 1500 Dollar für einen Platz im Schlauchboot, wenn er weiß, dass er 15 Minuten später von der Marine abgefangen und wieder an seinen Ausgangsort zurückgebracht wird. Das ist übrigens der einzige Weg, um das Ertrinken im Mittelmeer zu stoppen.

Doch die Wirklichkeit sieht anders aus: Die EU-Küstenwache Frontex und NGOs befördern weiter Zigtausende Migranten aus Afrika mit Wassertaxis nach Europa. An einem Spitzentag wurden 8500 Bootsflüchtlinge von EU-Schiffen nach Italien übergesetzt. Zuletzt waren es 10.000 binnen 48 Stunden! Hundertausende warten in libyschen

Häfen auf die Überfahrt. Über 400 Millionen – vor allem junge Männer – aus zerfallenden afrikanischen und arabischen Staaten wollen in die EU.

Den Bürgern verkauft man die Völkerwanderung als „Rettung aus Seenot". Dabei läuft das Ganze nach einem perfekt eingespielten System ab: Hunderttausende großteils Armutsflüchtlinge reisen an die libysche Küste. Dort setzen Schlepper jeweils 100–150 Personen in ein Schlauchboot. Jeder Passagier bezahlt vorab 1500 Dollar. Einer bekommt ein Satellitentelefon, in dem die Nummer von Frontex eingespeichert ist. Kaum auf See, ruft er auftragsgemäß bei Frontex an und gibt „SOS". Die EU-Schiffe eilen herbei, nehmen die Bootsflüchtlinge auf und befördern sie in das 480 Kilometer entfernte Italien. Wie Taxiunternehmen. Dort angekommen, taucht die Hälfte der „Geretteten" sofort unter. Denn ihre Ziele sind Deutschland, Schweden und Österreich.

Die Leute wissen: In Österreich braucht man nur einen Asylantrag zu stellen und erhält sofort volle Grundversorgung samt Zuschüssen und Krankenversicherung. Fast jeder, der es zu uns schafft, kann nicht mehr abgeschoben werden. Idiotische Gesetze wie die EU-Grundrechte-Charta führen dazu, dass sogar Mörder, Vergewaltiger, Kinderschänder und Drogenhändler in Österreich bleiben dürfen, wenn ihnen im Herkunftsland „erniedrigende Behandlung droht". Wer seinen Pass wegwirft, kann nicht abgeschoben werden. Die meisten afrikanischen und arabischen Migranten sind im Grunde Analphabeten. Laut Finanzministerium werden 90 % zu Sozialfällen. Im Falle des Familiennachzuges steigt ihre Zahl auf das Drei- bis

Fünffache. Das erschüttert unser Land in seinen Grundfesten.

Für Österreich bedeutet das Folgendes: Solange die Mittelmeerroute nicht geschlossen ist, muss unsere Regierung die Grenzen sichern. Sie verstößt damit nicht gegen EU-Verträge. Denn unsere Rechtsordnung fußt auf dem römischen Recht. „Ultra posse nemo obligatur", lautet der alte Grundsatz. Übersetzt bedeutet das: „EU-Recht hin oder her – Zur Selbstzerstörung sind wir nicht verpflichtet."

ERSCHIENEN AM 23. 7. 2017

IM TREIBSAND

Die EU hat neue Sanktionen gegen Syrien verhängt. Und zwar wegen eines Giftgasangriffes, von dem niemand weiß, wer ihn eigentlich verübt hat. Diese Politik nützt radikalen Islamisten und schadet Europa – mit unabsehbaren Folgen.

Die amateurhafte Außenpolitik der EU-Bürokraten stürzt Europa zunehmend ins Chaos. Es rächt sich eben, dass fast nur zweit- und drittklassige Politiker in die EU entsendet werden.

Ohne Kenntnis der Verhältnisse im Nahen Osten verhängten die außenpolitischen Dilettanten aus Brüssel Sanktionen gegen Syrien. Präsident Assad führt zweifelsohne einen brutalen Krieg gegen seine Gegner im eigenen Land. Aber die von der EU gestützte Opposition besteht faktisch nur aus radikalen Islamisten und Salafisten, die in Syrien ein „Islamisches Emirat" errichten wollen. Die von den Amerikanern eilig aufgestellte Streitmacht „Demokratische Kräfte Syriens" verfügt über keinen Rückhalt in der Bevölkerung. Nach Assads Sturz wird es zu einer Machtergreifung der Salafisten kommen. Für Europa bedeutet das noch mehr Terror-Gefahr und noch mehr Flüchtlingsströme – was den Amerikanern aber ziemlich egal ist. Die USA wollen die Achse Iran-Irak-Syrien zerstören und das syrische Öl kontrollieren. Das Flüchtlings-Chaos traf ja schon bisher nur die dummen Europäer. (Die USA hatten bis Mitte letzten Jahres bloß 1700 syrische Flüchtlinge aufgenommen).

Vor ein paar Wochen kam es dann zu einem rätselhaften Giftgas-Angriff auf Zivilisten, bei dem 85 Menschen starben. Wer dahinter steckt, ist nach wie vor ungeklärt. Die „Organisation für das Verbot von chemischen Waffen" konnte bis heute nicht feststellen, wer das Giftgas eingesetzt hat. Einem hat der Anschlag sicher nicht genützt: Assad, der bis heute seine Unschuld beteuert.

Trotzdem verhängten die EU-Bürokraten einseitig Sanktionen über die syrische Regierung. Diese wirken wie ein Brandbeschleuniger für den Zerfall des Landes. Syrien droht nun das Schicksal Libyens. Dessen ermordeter Machthaber Gaddafi prophezeite der EU bereits 2011: „Wenn ihr mich bedrängt und destabilisieren wollt, …wird sich folgendes ereignen. Ihr werdet von einer Immigrationswelle aus Afrika überschwemmt werden, die von Libyen aus nach Europa überschwappt. Es wird niemand mehr da sein, um sie aufzuhalten."

Noch stützen die Russen Assad, weil sie fürchten, die Kontrolle über den Erdöl- und Erdgasmarkt zu verlieren. Russland ist Europas wichtigster Energielieferant im Winter und will es bleiben. Neue Machtverhältnisse im ölreichen Nahen Osten sind unerwünscht.

Auch die Türkei ist an einem Sturz Assads nicht interessiert. Zwar liebäugelt Ankara mit radikalen Islamisten, aber die Gefahr der Errichtung eines autonomen Kurdenstaates auf syrischem Boden ist Präsident Erdogan zu groß. So weit geht seine islamistische Bruderliebe dann doch nicht.

Die Despoten des Nahen Ostens sind alles andere als feine Herren, aber im Verhältnis zu radikalem Islamismus, Terror und Völkerwanderung wohl das kleinere Übel für die Welt. Diese Art von Kompromiss meinte US-Präsident J. F. Kennedy, als er über einen Diktator sagte: „Der Typ ist ein Arschloch. Aber er ist unser Arschloch."

ERSCHIENEN AM 30. 7. 2017

„ICH BIN DER HECHT IM POLITISCHEN KARPFENTEICH" (INTERVIEW)

Tassilo Wallentin sprach mit Peter Pilz über Globalisierung, Korruption, politischen Islam, Brennergrenze und geläuterte Marxisten. Da das Parlament derzeit umgebaut wird, fand das Treffen im Schönbrunner Affenhaus statt.

Tassilo Wallentin: Es war Ihre Idee, dass wir uns im Affenhaus treffen. Warum das Affenhaus?

Peter Pilz: Erstens gehe ich immer wieder gerne auf Verwandtenbesuch und Sie sehen, das sind besonders liebe Verwandte. Zweitens sind das Tiere, für die Artenschutz extrem wichtig ist. In Borneo und Sumatra gibt es vielleicht noch 5000 Orang-Utans. Früher gab es sie in ganz Ostasien. Alles wird abgeholzt. Es herrscht brutale industrielle Landwirtschaft. Und es ist immer wichtig auch am Beginn eines Wahlkampfes zu wissen, warum sind wir überhaupt da und warum wollen wir ins Parlament? Und da ist der Artenschutz und Tierschutz eine der wirklich ganz großen Geschichten.

Wallentin: Bleiben wir bei wirtschaftlicher Brutalität. Stichwort: Globalisierung. Larry Summers, ehemaliger Finanzminister unter Bill Clinton, sagte vor kurzem, dass die Globalisierung von Eliten für Eliten vorangetrieben wird, mit wenig Beachtung der Interessen normaler Menschen. Sehen Sie das auch so?

Pilz: Da geht es um die Interessen einer Kaste. Es hat sich weltweit, auch in Österreich, eine Kaste aus einflussreichen und immens reichen Personen und Konzernen gebildet, die sagt: Wozu brauchen wir noch Demokratie? Wozu brauchen wir noch Rechtsstaat? Wozu brauchen wir überhaupt noch die Menschen? Die sagen: Uns gehört eh' alles, also wollen wir, die kleine Kaste, über alles bestimmen. Und deswegen versuchen sie mit neuen „Freihandelsabkommen" wie TTIP, die mit allem zu tun haben, nur nicht mit dem Wort „frei", die große Mehrheit zu knebeln und den Menschen die demokratischen und rechtsstaatlichen Instrumente zu nehmen. Wenn sich diese Kaste durchsetzt, dann können wir unsere unabhängigen Gerichte und Parlamente zusperren.

Wallentin: Sie haben sich als Korruptionsjäger einen großen Namen gemacht. Die Korruption ist einer der größten Gefahren für die Demokratie. Wie sehen Sie die Entwicklung der politischen Korruption, und was wollen Sie dagegen tun?

Pilz: Wir haben ein Netzwerk aufgebaut, das geht bis zur OECD, das geht bis zu führenden britischen und US-Journalisten. Wir bekämpfen gemeinsam Korruption, weil wir wissen: Korruption ist unfassbar teuer. Da verschwinden jedes Jahr Zigmilliarden Euro an Steuergeldern in dunklen Kanälen. Aber das Gefährlichere ist: Korruption ist das schlimmste Gift für Vertrauen der Bevölkerung in die Politik. Korruption zerstört Vertrauen. Und wo es Korruption gibt, wenden sich immer mehr Menschen von der Politik ab und das ist der Anfang vom Ende der Demokratie.

Wallentin: Bleiben wir beim Anfang vom Ende der Demokratie. Sie waren einer der Ersten, der sich sehr kritisch zu politischem Islam, Türkei und Präsident Erdogan geäußert hat. Wie ist ihre Einschätzung heute?

Pilz: Der politische Islam ist derzeit die größte Gefährdung meiner Heimat Europa. Und wenn ich sage, „meine Heimat", dann ist es diese wunderbare Kombination aus Verfassungsstaat, Gleichberechtigung von Frauen und Männern, Pressefreiheit, unabhängiger Justiz und parlamentarischer Demokratie. Der politische Islam bildet bei uns Brückenköpfe, versucht muslimische Einwanderer und Einwanderinnen zu isolieren und dann zu instrumentalisieren und greift Stück für Stück die Grundlagen unserer Gesellschaft an. Jeder Kindergarten der Muslim-Bruderschaft, jede Erdogan-Schule, jeder Brückenkopf von Erdogan in Moscheeverbänden ist ein Versuch, die Grundlagen unserer offenen Gesellschaft anzugreifen. Und die machen das ganz bewusst. Erdogan exportiert die Konflikte. Die saudischen Ölprinzen exportieren ihre Konflikte. Sie wollen Europa destabilisieren, damit sie selbst im Verhältnis zu Europa stärker werden. Deshalb setzen sie auch die Flüchtlinge als Waffe ein und drohen uns. Und deswegen ist es wichtig, dass wir mit vernünftigen Partnern im arabischen Raum und in Afrika sehr früh Flüchtlingsströme so lenken und den Menschen vor Ort so viel an Chancen geben, dass sie gar nicht so weit kommen und nicht zum Spielball der Erdogans und der Saudis werden.

Wallentin: Derzeit sind die Flüchtlingsströme eher der Spielball der Italiener. Italien droht die Flüchtlinge an der Brennergrenze in Züge Richtung Österreich zu setzen.

Pilz: Wir Österreicher brauchen als traditionelle Schutzmacht Südtirols die Solidarität ganz Europas. Denn wenn der Brenner abgeriegelt wird, bleiben unsere Südtiroler Nachbarn mit dem Problem über. Und wir können Südtirol nicht im Stich lassen. Gleichzeitig warne ich vor der Illusionen offener Grenzen. Davon habe ich noch nie was gehalten: Wir importieren Probleme, die wir nicht lösen können.

Wallentin: Sie waren in ihrer Studentenzeit Mitglied der Gruppe Revolutionärer Marxisten. Churchill sagte einmal: „Wer mit 20 kein Kommunist ist, hat kein Herz. Wer mit 40 immer noch Kommunist ist, hat kein Hirn." Wie sehen Sie sich heute?

Pilz: Erstens freut es mich, wenn Churchill der Meinung ist, dass ich sowohl Herz als auch Hirn habe. Das ist ein sehr hohes Lob. Zweitens hat es viele gegeben, die versucht haben, mich in irgendeine Schublade zu zwängen. Ich habe nicht reingepasst. Ich frage die Leute immer: ist meine Sozialpolitik links oder rechts? Dann sagen sie: natürlich links. Dann frage ich: ist meine Ausländerpolitik links oder rechts? Dann sagen dieselben Leute: natürlich rechts. Und ich habe schon lange aufgegeben, die richtige Schublade zu suchen, es gibt sie zum Glück nicht. Die erfolgreiche Basis meiner Politik der letzten Jahre waren sehr haltbare und sehr vertrauensvolle Allianzen mit roten Abgeordneten, mit schwarzen Abgeordneten, und einmal hat es sogar für einen Kaffee mit H.-C. Strache gereicht. Wo andere streiten, baue ich Vertrauen auf.

Wallentin: Politische Quereinsteiger wie zuletzt die Opernballchefin sind in Mode. Können wir von Ihnen auch Überraschungen erwarten?

Pilz: Ich werde jetzt nicht mit dem Oktoberfestorganisator kontern. Ich will auch keine Meisterjodler oder Ähnliches im Parlament. Was wir im Parlament brauchen, sind die qualifiziertesten Menschen dieser Republik. Wir brauchen Experten für Gesundheit, Pflege, Schule, Universität, für die neue Arbeitswelt, neue Verkehrssysteme, eine neue Energiepolitik. Für unser neues Österreich. Schade, dass Christian Kern da so wenig zusammenbringt. Manchmal kommt mir der Kanzler vor wie einer, der sich den Ball auf den Elfmeter legt, dann strahlend das Pfeiferl aus der Tasche zieht, abpfeift und hoch zufrieden in die Kabine geht.

Wallentin: Was ist also ihre Rolle im Wahlkampf?

Pilz: Ich glaube, ich weiß, was ich in diesem Wahlkampf bin: Ich bin wahrscheinlich kein toller Hecht, aber ich bin der Hecht im politischen Karpfenteich. Und ich habe vor, den Karpfen Kern, Kurz und Strache in diesem Wahlkampf zu zeigen, wie wichtig es ist, dass es da einen Hecht gibt.

ERSCHIENEN AM 6. 8. 2017

BAUWAHNSINN

30 Fußballfelder! Jeden Tag verschwindet in Österreich eine Fläche von 30 Fußballfeldern unter Beton oder Asphalt. Wir sind Europameister im Zubetonieren und Zerstören von Lebensraum. Es ist an der Zeit, Lokalpolitiker und Bauträger klar in die Schranken zu weisen.

Die Zahlen sind erschreckend: Jeden Tag werden Wälder, Wiesen und Äcker in der Größe von 30 Fußballfeldern dem Bau von Straßen, Parkplätzen, Gewerbezentren und Siedlungen geopfert. Jedes Jahr verschwindet in Österreich eine Fläche so groß wie die Stadt Salzburg unter Beton oder Asphalt. Und das, obwohl die Bevölkerung kaum wächst und 650 Millionen m² Wohnungen, Gewerbe- und Industriehallen leer stehen. Die Fläche ungenutzter Gebäude ist bereits größer als die Fläche Wiens.

Der parasitäre Flächenfraß hat dazu geführt, dass wir uns selbst nicht mehr mit heimischer Nahrung versorgen können. Wir sind nicht autark. Die Versorgungssicherheit der Bürger im Notfall ist nicht mehr gewährleistet. Hinzu tritt der Klimawandel mit seinen Hitzewellen und Starkregen. Die versiegelten Böden nehmen kein Wasser auf. Die verbauten Naturräume sind für immer verloren. Es kommt zu Hitzeanstieg, Staubbildung und Überschwemmungen. Die Lebensgrundlage der meisten Tiere wird zerstört. Auf unseren fruchtbarsten Böden entstehen Speckgürtel und künstliche Städte, die an Scheußlichkeit kaum zu überbieten sind.

Sie sind das billige Machwerk kulturverarmter Politiker und Architekten. Wien wird deshalb seine Stellung als Weltkulturerbe verlieren. Was das für den Tourismus bedeutet, ist klar. (Hingegen zeigt die Stadt Hamburg mit ihrem neuen Wahrzeichen, dem 2016 fertiggestellten Konzerthaus „Elbphilharmonie", was großartige moderne Architektur ist.)

Wir brauchen einen nationalen Aktionsplan zum Schutz unseres Bodens – wie in Russland oder China. Dort wird es bis zum Jahr 2100 um 50% mehr landwirtschaftliche Flächen geben. Denn die Russen und Chinesen wissen, dass die Produktion von Nahrungsmitteln die künftigen Machtverhältnisse in der Welt entscheidend zur ihren Gunsten beeinflussen wird.

Wir dürfen unsere Raumordnung nicht länger Lokalpolitikern und Bauträgern überlassen. Die Maßnahmen müssen lauten:

– Bauverbot in Naturräumen und auf landwirtschaftlichen Flächen;
– Gemeinden erhalten vom Bund nur noch Geld, wenn sie Boden gespart haben;
– Förderungen für die Nutzung und Sanierung leerstehender Objekte;
– Direkte Demokratie: zwingende Mitsprache der Bürger bei Umwidmungen und Großprojekten.

Die direkte Demokratie ist entscheidend. Denn ohne Bürgerbeteiligung hätten wir in Österreich bereits drei Atomkraftwerke und im Waldviertel ein Endlager für radioaktiven Müll. Zudem ist die direkte Demokratie das beste Mittel, um Korruption bei Bauprojekten und Umwidmungen auszuschalten. Die Bürger hätten das letzte Wort. Sie könnten in einem abgekarteten Spiel die rote Karte zeigen.

Wie sagte „Krone"-Gründer Hans Dichand: „Ich halte gegenwärtig für das wichtigste Anliegen der Menschheit zu erkennen, dass wir zu zerstörenden Parasiten geworden sind. Es entstehen immer größere Schäden, die noch kaum in unser Bewusstsein dringen. Über den Umweltschutz hinausgehend, ist eine neue Gesinnung notwendig, ein tieferes Gefühl der Verbundenheit mit der Natur, mit Tieren, Bäumen und Pflanzen."

Lesen Sie auch:

7. Auflage

OFFEN GESAGT

**NOCH NIE WAR
MEINUNG SO WICHTIG**

ISBN 978-3-7011-7940-4

3. Auflage

OFFEN GESAGT

**BAND 2
ZUR MEINUNGSBILDUNG**

ISBN 978-3-7011-7979-4

2. Auflage

OFFEN GESAGT

**BAND 3
ZUM AKTUELLEN
ZEITGESCHEHEN**

ISBN 978-3-7011-8030-1

Der tägliche Meinungsaustausch mit Tassilo Wallentin
findet auf seinem Blog
WWW.TAWA-NEWS.COM
statt.

Die Zeit besiegt alles.